INVENTAIRE
F 38.719

INSTITUTION

DE LA

CHAMBRE

DES

COMPTES DU ROI EN BRABANT A BRUXELLES,

Du 19. Juin l'an 1404.

Par ANTHOINE *Duc de Brabant*
Comte de Rhetel, &c.

Laquelle a sous sa Jurisdiction les quatre Duchés de Brabant, Limbourg, Luxembourg, & Gueldres, avec les Instructions & Ordonnances de ladite Chambre.

Avec l'Histoire de l'Alienation, Engagere, & Vente des Seigneuries, Domaines & Jurisdictions du Duché de Brabant, de Limbourg, & Païs d'Outre-Meuse.

Par Messire *JAQUES LE ROY Chevalier*
Libre Baron du S. Empire, &c.

* * *

A BRUXELLES,

Chez les t'SERSTEVENS, Imprimeurs. 1716.

ORDONNANCES,

REGLEMENS,

ET

INSTRUCTIONS

SECRETES,

Sur la Conduite de la Chambre des Comptes de Brabant, fait à Bruxelle le 28. Mai 1541.

CHARLES par la divine clemence Empereur des Romains toûjours auguste, Roi de Germanie, de Castille, de Leon, de Grenade, d'Arragon, de Navarre, de Naples, de Sicille, de Maillorque, de Sardaigne, des Isles, Indes, & terre ferme de la Mer Oceane, Archiduc d'Aûtriche, Duc de Bourgogne, de Lothier, de Brabant, de Limbourg, de Luxembourg, & de Gueldres, Comte de Flandres, d'Arthois & de Bourgogne, Palatin & de Hainau, de Hollande, de Zeelande, Ferrette, de Haguenaut, de Namur & de Zutphen, Prince de Suave, Marquis du Saint Empire, Seigneur de Frize, de Salins, de Malines, des Cité, Villes & Païs d'Utrecht, d'Overyssel

A 2 &

& Groeninge & Dominateur en Afie & Afrique,
& tous ceux qui ces prefentes verront, falut.
Comme il foit venu à notre connoiffance, que
nous, nos Predeceffeurs, dont Dieu ait leurs
ames, n'ont de long-tems fait, ni renouvellé
les Ordonnances & Inftruĉtions de nos trois
Chambres des Comptes, à fçavoir: de Lille,
Bruxelles, & de la Haye, ains ont les Prefident
& Gens de nofdits Comptes, conduit & reglé
l'exercice de leurs Etats & Offices fur certaines
anciennes Ordonnances & Inftruĉtions affez ob-
fcures, & fur les ufances, ftil qu'ils difent &
maintiennent être au befoin defdites Comptes,
fans être mis, ni couché par écrit, en quoi fe
pourroient trouver plufieurs obfcurités & erreurs
à notre préjudice ou difcontinuation defdites
ufances & ftil, que l'on voudroit ou pourroit
diverfement changer ou interpréter, nous, qui
defirons fur toutes chofes mettre bon ordre, &
éclaircir la conduite du befoin de nofdites Chambres des Comptes, au bien de nous & de la Juftice, avons pour notredite Chambre des Comptes de Brabant refidente à Bruxelles, fait les Ordonnances & Inftruĉtions qui s'enfuivent:

I.

PRemierement, qu'en notredite Chambre aura
un Prefident des Comptes, trois Maîtres,
y compris celui qui fera commis pour les affaires de Luxembourg, deux Auditeurs, & un
Clerc aux gages & traitémens accoutumés, qui
enfemble entendront diligemment aux affaires,
qui furviendront en ladite Chambre.

II.

Et compareront chacun jour ferial, & y demeureront continuellement au matin, depuis le
terme de Pâques jufques à S. Remi, de fept heu-

res

tes du matin, que l'on commencera la Meſſe
juſques à dix heures, & depuis le S. Remi juſques audit terme de Pâques de huit heures du
matin juſques à onze heures, & l'après diner en
tout tems, depuis deux heures juſques à cinq
heures, ſans y fallir, à peine d'être royés, &
perdre leurs gages ordinaires, dont l'un des Auditeurs ou Clerc de notre Chambre tiendra le
contrerolle, ſur lequel le Receveur au Quartier
de Bruxelles conduira aux payemens deſdites
gages.

I I I.

Item pour ce que leſdites de nos Comptes du
paſſé n'ont eu d'aucunes vacances, comme font
ceux de nos Conſaux de Juſtice, leurs accor-
dons trente jours de Vacances à les prendre à la
diſcretion du Preſident à une ou diverſes fois,
moyennant qu'ils ne prennent tous enſemble,
& que notredite Chambre ſoit toûjours fournie
de deux Maîtres, d'un Auditeur, & d'un Clerc.

I V.

Item que doreſnavant en notredite Chambre
le Pere & le Fils, deux Freres, Oncle & Ne-
veux, ou deux Couſins germains ou autres en
ſemblable degré d'affinité, ne pourront enſemble être Maîtres ou Auditeurs.

V.

Item qu'en notredite Chambre y aura un grand
& principal, où toutes difficultés miſes en loca-
toir, ſe détermineront, & les arrêts & deciſions
des Comptes, & appointemens ſe feront, & encore pluſieurs Bureaux particuliers où leſdites
comptes ſeront ouïs & rendus.

V I.

Item que doreſnavant à l'audition de chaque
compte ſeront preſens deux Maîtres avec un

Auditeur ou Clerc , ou du moins un Maître &
un Auditeur ou Clerc , qui esdits comptes , soit
de justice ou de recepte de Domaine ordinaire
ou extraordinaire , s'ils trouvent quelque doute
ou difficulté , écriveront la cause d'icelle doute
ou difficulté , laquelle avant la cloture d'icelui
compte sera déterminée au grand Bureau par tous
les Maîtres de nosdits comptes , qui lors y seront assistens , & s'ils sont de diverses opinions ,
& qu'il soit besoin , y appelleront les Auditeurs
& Clercs , & en outre si la matiere le requiert ,
en avertiront le Chancellier de Brabant , pour
par son avis , ou par ceux de notre Conseil en
Brabant , vuider & décider lesdites difficultés ,
& si la matiere est de notable importance avertiront le Chef Tresorier general , & Commis
des Finances , pour par eux en être déterminé ,
comme il appartiendra, & si-tôt que lesdites doutes seront déterminés , ceux qui auront ouï lesdites comptes , les clorront en presence du Receveur ou de son Commis aiant presenté icelui
compte , en y passant ce que sera de raison , &
dont il montera bon & suffisant enseignement &
acquit , & non autrement , & refusant & royant
ce, dont il ne rendra les enseignemens à ce appartenans.

V I I.

Item qu'enfin lesdites comptes seront écrits
les noms & surnoms de ceux , qui auront ouï
lesdites comptes, ensemble les noms & surnoms
de ceux , qui auront été presens à la détermina-
tion & exécution des difficultés trouvés audit
compte.

V I I I.

Item que les Maîtres & Auditeurs commis
pour ouïr un compte , prendront devant eux le

compte

compte prefent, lequel ils vifiteront, & auront
bon regard qu'au compte enfuivant, foit répondu de toutes fouffrances de quittances & autres
affaires remifes, & ne pourront proceder à la clôture du compte enfuivant, fans vuider & faire
purger lefdites fouffrances des quittances, & autres affaires remifes.

I X.

Item qu'un Maître, Auditeur ou Clerc de la
Chambre, aiant Pere, Fils, Frere, Oncle, Ne-
veux, ou Coufin germain, ou étant enfemble
degré d'affinité, Receveur ou Officier comptable
en ladite Chambre, ou aiant autre affaire en icelle, ne pourra être prefent à l'audition & clôture
de fon compte, ni à la decifion & determination
des doutes & difficultés trouvées en icelle compte
ou autres affaires les concernans.

X.

Item que tous les comptes, qui feront rendus
en ladite Chambre d'un Office, & d'une nature,
feront tous faits par cohiers, loyés & coufus enfemble en ordre, felon que l'on fait de prefent,
afin qu'ils foient moins difperfés & cottés pour
plus aifément faire les corrections, & fçavoir, fi
l'on n'ait perdu, ajouté aucuns feuillets depuis
la prefentation ou clôture defdits comptes, &
fans nulles rafures.

X I.

Item que lefdits des Comptes feront compter
tous Receveurs, tant generaux que particuliers,
Senefchaux, Baillifs, Efcoutettes, Mayeurs, &
autres Officiers de Juftice, & de Recepte, & fi
lefdits Receveurs ou autres Officiers ne viennent
endeans quatre mois après l'expiration de l'année, ou envoient perfonne aiant pouvoir & in-
ftruction fuffifante, ou faffent apparoir d'excufe

legi-

legitime endeans ledit tems, lesdites comptes les
manderont derechef, & leur assigneront autres
briefs jours, sur peine de suspension de leurs Offices, ou autres peines pecuniaires, & s'ils ne
viennent audit jour, les condamneront, esdits
peines apposées és Lettres, lesquelles peines seront executées sur ledit Officier défaillant, selon
& ensuivant certaines nos Lettres-patentes, na-
guaires pour ce dépêchées auxdites Comptes,
lesquels en ce feront la diligence requise, & comme ils veulent répondre.

X I I.

Item que lesdits des Comptes feront tenus proceder à la visitation & clôture desdites comptes
endeans six semaines après la presentation d'i-
ceux, ou au plûtôt, endeans deux mois, sans
plus long terme.

X I I I.

Item que lesdits Receveurs generaux, particuliers, ou autres, ne feront reçûs à compter, que
premierement avant tout œuvre, en faisant la
collation de leurs comptes, tant en recepte qu'en
dépense, leursdits comptes seroient corrigés en
ce que se pourra corriger par les comptes étans en
ladite Chambre, sans attendre après la clôture
d'iceux comptes, afin qu'il ne soit mis en publi.

X I V.

Item qu'aucune chose ne sera passée en dépense
des comptes, excepté Fiefs, Aumônes, Rentes,
Gages d'Officiers, & autre dépense ordinaire,
sans premierement avoir mandement, quittance
& certification requise & accoûtumée, & quant
aux quittances desdits Fiefs, Aumônes, Rentes
& autre dépense ordinaire, que lesdits Receveurs
doivent ordinairement payer, elles n'y sont ap-
portées au compte ensuivant, le Receveur payera
pour

pour chaque partie six Carolus d'or à notre profit, laquelle amende sera reçuë par le Clerc ordinaire de ladite Chambre, & en rendra compte à notre Receveur, qui aura pour gages le quart desdites amendes à son profit pour faire diligence de leursdites amendes, & par-dessus ce sera chargé, & lui sera défalqué la somme ou sommes à quoi elles monteront en sondit compte ensuivant à notre profit, jusques à ce que nous où lesdits comptes auront pourvû à la partie poursuivant, pour les faire rembourser de ladite Rente, Gages, ou dépense ordinaire, celle appert être dûe.

X V.

Item que lesdits Gens des Comptes de leur autorité n'alloueront aucunes parties & sommes des deniers dûës du tems de nos Predecesseurs, sans avoir Mandement & Ordonnance de nous.

X V I.

Item si aucuns de nos Receveurs generaux ou particuliers, Baillifs, Escoutettes, Mayeurs, ou autres Officiers de Justice ou de Recepte, de ce qu'ils doivent rendre, ou qu'ils rendront, le demeurant és comptes ensuivans, ils ne seront à ce reçûs, mais lesdits Gens de nos Comptes les chargeront de rendre toute ladite somme en leursdits comptes, afin que la chose ne soit mis en oubli, ou en délai, & qu'ils soient plus diligents, les exploiter ou lever, & de ce qu'il apperra auxdites comptes, eux non avoir levé, ou reçû, les tiennent en souffrance & suspense, jusques aux prochains comptes ensuivans, ou pour tel tems que bon leur semblera, ci-avant que leur apperre que nosdits Officiers n'aient en ce abusé ou malversé, auquel cas ils feront poursuivre & garder notre droit, soit par appointement ou par justice.

XVII.

XVII.

Item que si lesdits Receveurs, qui sont chargés de recevoir notre Domaine, délaissent par negligence, ignorance, ou autrement à rendre entierement le Domaine ancien, & disant qu'ils ne l'ont pû recevoir pour cause de mortalité, sterilité, pauvreté, fuite ou autrement, ils ne seront point reçûs à ce, par lesdits Gens des Comptes, jusques à ce qu'il apperede, ce par information düement faite par nos Gens de nosdits Comptes, appellé à ce notre Procureur si besoin fût, & autres qui feront appeller, & que ladite information ait été bien vûë, visitée & jugée en ladite Chambre des Comptes, & sera ladite information mise en tel lieu que l'on la puisse trouver quand métier sera.

XVIII.

Item toutes & quantes fois, qu'aucuns Appointemens, Apostilles & Arrêts auront été faits par lesdits Gens des Comptes, sur les comptes desdits Receveurs, tant en recepte que dépense à chacun prochain compte, ils y feront répondre les Receveurs, & s'il n'appert de bonne diligence, ils chargeront lesdits Receveurs de ce, dont ils les devroient charger, afin que rien ne soit mis en oubli.

XIX.

Item que si aucun desdits Receveurs Generaux, particuliers, Baillifs, Escoutettes, Maires ou autres vouloient prendre en dépense de leurs comptes aucune dépense qui ne soit ordinaire comme dessus, sans apporter Mandement & Quittance, ou par apportant Mandement sans Quittance, ou sans Quittance sans Mandement, aucune chose ne sera passée en dépense.

XX.

X X.

Item fuppofé, que lefdits Receveurs generaux, ou particuliers apportaffent Mandement & Quittance, qui ne fût pas au nom de celui ou de ceux contenu au Mandement, ou de Procureur fuffifamment fondé, aiant pouvoir à ce, rien ne fera alloué en compte, comme dit eft.

X X I.

Item pour ce qu'aucuns defdits Officiers de Recepte s'efforcent de jour en jour, de prendre en dépenfe de leur compte ou chapitre des ouvrages & autre part plufieurs fommes d'argent, lefdites comptes feront défenfe & interdiction à tous Officiers de Recepte, qu'ils ne faffent faire aucuns ouvrages, autres que reparations neceffaires & entretenemens ordinaires dont on ne fe peut paffer, fans fupporter plus grand dommage, & qu'il n'excede vingt ou trente florins pour une fois, fans premierement en avertir lefdites Comptes, ou les Maîtres ouvriers qui chacun en doivent vifiter lefdits dommages.

X X I I.

Item que fi lefdits des Comptes chacun an, ou du moins tous les deux ans au mois de Septembre par les Maîtres ouvriers & Contrerolleurs des ouvrages, faire vifiter les Maifons, Châteaux & Moulins de Brabant, & d'Outre-Meufe, qui leur feront rapport des ouvrages, qui leur fembleront neceffaires ou convenables être faits pour l'année à venir, pour en tems & faifon propice faire les marchés & preparations requifes, & lefdites Comptes feront faire lefdits marchés par bonnes devifes, au moins prenant, comme on verra être à faire pour le mieux fans ouvrer par journée le moins qu'il fera poffible, & lefdits ouvrages faits, on les fera bien & dûëment vifiter avant payer le

der

dernier payement, & que de tout foient apportés
acquits fuffifans, ayant rien paffer en compte.

X X I I I.

Item que lefdits Maîtres ouvriers & Controlleurs ne pourront livrer aucuns materiaux à ceux
qui auront pris lefdits ouvrages, ni avoir part,
portion ou focieté avec eux, & prendront lefdits
de la Chambre, bon regard que lefdits Maîtres
ouvriers & Controlleurs fe reglent & obfervent
les Ordonnances & Inftructions faites fur la conduite de leurs Offices.

X X I V.

Item pour ce qu'aucuns Receveurs generaux,
particuliers, ou autres Officiers de Recepte s'efforcent de jour en jour, de prendre en dépenfe
de leurs comptes plufieurs fommes de deniers
pour diverfes caufes, dont ils apportent Mandement & Quittance, fans avoir payé realement,
& défait lefdits fommes de tout ou en partie, mais
baillent leurs contre-lettres conditionnées de les
payer, fi les deniers leur font paffées en état, &
après en compte, & pour jouir des deniers dé-
layent le plus de tems, qu'ils peuvent de rendre
leurfdits comptes, lefdits Gens des Comptes feront jurer un chacun defdits Receveurs & Officiers de Recepte à la tradition de leurs comptes,
qu'aucune chofe ils ne mettent en leurs comptes,
qu'ils n'aient dûement payé, & quand ils rendront leurs comptes par Commis, iceux devront
avoir pouvoir efpecial pour faire leur ferment,
& en cas qu'il foit trouvé en lefdits comptes aucune partie, qu'ils n'auroient dûement payé,
comme il fera trouvé qu'ils auront mis en leurfdits comptes, & ne l'auront payé auffi d'amende
arbitraire felon la grandeur de la fomme.

X X V.

X X V.

Item s'il est trouvé aucuns Receveurs generaux
& particuliers, Baillifs, Escoutettes, Mayeurs
ou autres Officiers de Justice, ou de Recepte,
avoir mis en la dépense de leurs comptes une
partie deux fois, dont il le veuille couvrir d'ignorance ou ignorance, lesdits Gens des Comptes le lui feront amender du double de la somme qui se voudroit efforcer de present ou de telle
somme, que leur discretion regardera.

X X V I.

Item si lesdits Receveurs generaux & particuliers, Baillifs, Escoutettes, & autres Officiers de
Justice ou de Recepte, s'efforcent de prendre &
écrire en la dépense de leurs comptes aucunes
parties, qu'autrefois avoient été royées en leursdites comptes par défaute de Lettres ou autre Justice, & Loyale cause, sans en avoir sur ce exprès
Mandement, ou qu'ils n'apportent Lettres, qui
les relievent de ladite radiation, lesdits Gens des
Comptes le leur feront amender de telle somme
d'argent, que bon semblera.

X X V I I.

Item toutes & quantes fois, que corrigeant
leurs comptes, ils trouveront aucuns des Officiers, qui par inadvertence, ou autrement, auront pris en dépense une somme deux fois, ladite
somme sera rabatuë auxdits Officiers des Gages,
qu'ils prennent de nous sans les emporter en dette, & l'amende reservée à notre volonté, & s'ils
ne prennent gages, on n'accroîtera de tant leur
recepte, & l'amende sera reservée comme dessus.

X X V I I I.

Item si en corrigeant lesdits comptes, ils trouvent aucune personne, qui ait reçû en prêt aucunes sommes de deniers, pour Messageries, Am-
baßades,

baſſades, ou autres groſſes legations & beſoignes,
dont ils ſeroient tenus de compter, leſdites per-
ſonnes ſeront preſtement mandez pour compter,
pour ce qu'ils en ſçauront mieux répondre que
ne feront leurs hoirs.

XXIX.

Item qu'en ladite Chambre des Comptes ait un
livre des charges, auquel ſeront portées, & écrit
par maniere de memoire toutes les dettes & charges, que par les comptes, tantôt qu'ils ſeront
ouïs, l'on trouvera ſur les Receveurs & autres
Officiers & Gens de quelque état qu'ils ſoient,
c'eſt à ſçavoir des charges & dettes, dont on ne
les trouvera être déchargés par les corrections,
qui devront être faites ſur les comptes, leſquelles
corrections ſe feront ci-avant que faire ſe pourra,
tant en rendant les comptes, comme tantôt après
la rendition d'iceux, & feront par leſdits Gens
des Comptes, tantôt mandés leſdits Officiers,
ſur qui ſeront trouvées leſdits charges, pour eux
en acquitter, & affiner, ainſi que cela eſt fait mention ci-devant, & en tant, qu'il touche les dettes
claires, apparans par fin de compte ou autrement, qu'auroient été portées audit livre des
charges, comme deſſus, elles ſeront incontinent
envoyées & baillées par cedulle certificatoir de
ladite Chambre au Receveur general qu'il appartiendra & regardera pour en faire contraindre les
detteurs à lui payer leſdites dettes, & ſera écrit
ſur la part de ladite dette, quelle cedulle en aura
été faite & baillée au Receveur general, à tel jour
& à tel an, & en ſera chargé ledit Receveur d'en
répondre en ſon prochain compte à notre profit,
& après que ledit Receveur general aura reçu, le
detteur s'en ſera acquitté, l'on écrivera ledit acquit, & décharge ſur ſon affinement, après le
reſte de ſon compte, où il étoit chargé.

XXX.

Item toutes & quantes fois, qu'aucuns Officiers de Recepte ordinaire & extraordinaire seront mandés pour compter, & qu'ils ont accoûtumé de prendre gages ou vacations, pour venir rendre leurs comptes, lesdits Gens leur compteront leurs gages ou vacations, compris leur venuë & retour, qu'ils ont accoûtumé d'anciennement, & non plus, & feront leur devoir d'incontinent, & à bonne diligence dépêcher nosdits Officiers, afin de nous décharger de longues journées & vacations dont enchargeons leurs consciences.

XXXI.

Item que lesdits Gens des Comptes fassent compter lesdits Receveurs & Officiers de Justice ordinairement sans entendre année sur année, ni terme sur terme, afin que l'on puisse sçavoir s'ils reçoivent aucune chose sur l'année ensuivante, & que l'on puisse voir leur état clairement, & qu'ils tiennent l'ordre ci-devant declaré.

XXXII.

Item que diligemment seront enregistrés en ladite Chambre tous Mandemens, Chartres, & Privileges, & autres touchant les Dons, Traités, Partages, Assiettes, Achats, Alienations, en quelque maniere que ce soit, & qu'aussi y soient enregistrés toutes choses qu'illecq seront traitées & déterminées, qui nous touchent, & notre Domaine, & autrement, selon que le cas le requerra.

XXXIII.

Item que toutes Lettres closes addressans aux Gens des Comptes, qui leur seront envoyées en ladite Chambre, l'on écrivera dessus le jour & an, qu'ils les recevront, & par qui.

XXXIV.

Item quand nous envoyerons auxdits Gens des Comptes

Comptes nos Lettres de créance par celui, qui
l'apportera s'il est Clerc, feront écrire ladite
Créance, & s'il n'étoit Clerc ou homme de pra-
tique, ils écriveront en sa présence sa charge, afin
qu'il en soit foi & memoire au tems à venir.

X X X V.

Item au cas que par inavertence, importunité
de requerans ou autrement, nous donnons aucune chose de notre Domaine à heritage, si le
don n'est passé par ladite Chambre des Comptes,
il sera de nul valeur, & est à sçavoir que toutes
épaves, faux faitures, mortes mains & autres
Rentes, & Heritages, qui nous écherront & ad-
viendront, entendons être nuls & adjoints à notre Domaine, & feront reputés pour Domaine,
& ne passeront lesdits Gens des Comptes des
dons qu'en pourrons faire selon les Ordonnances, qu'ils en ont par celles de nos Finances,
& par cet Article XXIV. Finance.

X X X V I.

Item au cas que nous faissions dons d'aucune
faux faiture, ou autre chose, qui ne seroient de
notre ancien ou propre Domaine à heritage à vie
ou à volonté, si la valeur & prix dudit don n'est
contenu esdits Lettres, les Gens des Comptes,
n'en feront aucune expedition, jusques à ce qu'ils
feront informés de la juste valeur & verité par les
Juges & Officiers où lesdits Fourfaitures & autres
ainsi données, feront assises, & qu'ils s'informent
justement de la valeur, & renvoient les parties de
la valeur en la Chambre desdits Comptes, afin
que ne soions fraudés en telle chose, & lors lesdites Comptes en cas que le don n'excede la valeur de la chose ainsi donnée, le pourront délivrer en retenant la Copie dudit Don, si notre
plaisir est, qu'il sortisse effet, & qu'il leur appele
de notre vouloir.

XXXVII.

Item au cas que la valeur de la chose ainſi donnée excedât ledit Don, leſdits Gens des Comptes manderont aux Officiers de recepte és metes
deſquels leſdites choſes données ſeront aſſiſes,
que la valeur outre le Don, ils rendent deſlors en
avant en leurs comptes, & afin de memoire en
feront mention en leur dernier compte.

XXXVIII.

Item au cas, que faiſons aucuns Dons à vie, à
volonté ou à tems, ſuppoſé que ceux, à qui auroient été faits, leſdits Dons premiſſent & levaſ-
ſent les choſes ainſi à eux données par leurs mains,
leſdits Gens des Comptes en feront faire recepte
par le Receveur, qui ce regardera, & les repren-
dre en dépenſe au nom de ceux, à qui le Don ſe-
roit fait.

XXXIX.

Item, que ſi aucun Officier de recepte eût ou-
blié par inavertance ou autrement, à rendre en la
recepte de ſes comptes aucune partie, qu'il avoit
reçû, & dont il auroit baillé ſa Lettre, il amen-
dera le double.

XL.

Item pour ce qu'il a été accoûtumé de prendre
en ladite Chambre de chacun Receveur, caution
raiſonnable, ſelon l'exigence de ſon Office, nous
voulons, que ladite Ordonnance & Coûtume
ſoit entretenue, & qu'ils baillent ladite caution
avant qu'ils faſſent le ſerment, ou aient maniere
de ladite recepte, & ſuppoſé que nos Lettres de
Commiſſion ne faſſent point mention de caution
ſi ſera elle baillée, comme deſſus, & feront leſdites obligations & enfillées enſemble, comme
il a été & eſt accoûtumé, & ſoit de ce fait memoire au commencement du premier compte dudit

B

Re-

Receveur , & ne feront point lefdits obligations
rendués jufques à ce que ledit Receveur fera du-
tout affiné de fes comptes du tems, qu'il aura été
Receveur , & aura payé fa refte , & enjoignons
auxdites comptes de prendre fi bonne caution ,
que nous n'y puiffions avoir perte, ni prendre aucuns dommages ni interéts , afin que n'ayons
caufe de le recouvrer, fi le cas y échoit fur eux,
& leurs hoirs.

X L I.

Item enjoignons auxdits de nos Comptes, de
prendre bon regard , fi les cautionnaires defdits
Receveurs diminuent notablement leurs biens ,
ou s'ils vont de vie à trépas, & efdits cas contraindre lefdits Receveurs à donner nouvelle caution.

X L I I.

Item que lefdits Gens des Comptes n'allouent
aucunes parties , ne fommes en dépenfe defdits
Receveurs & Officiers de recepte à la charge du
Receveur général de nos Finances, ni d'autres,
s'il ne leur appert , premièrement de la Lettre de
Recepte dudit Receveur, que charger , on voudroit , laquelle foit renduë realement & de fait ,
& mife en fon lieu avant ce qu'on allouë , ladite
fomme fera royée fans charger ledit Receveur.

X L I I I.

Item que lefdits des Comptes ne s'entremet-
tront de la manience de nos Finances , ni qu'ils
faffent payer , ni diftribuer aucunes parties , fans
Mandement & Ordonnance de nous, finon toutes fois és chofes ordinaires, & néceffaires appartenans à leurs Offices.

X L I V.

Item , que tous les Officiers de recepte , fortiffans en nôtredite Chambre de Bruxelles , feront
leurs comptes, finir aux jours accoûtumés, comme

me deſſus eſt dit, & compteront ordinairement, afin que par les Treſoriers, Receveurs, & Gens de nos Finances, leur état puiſſe être plûtôt & plus clairement vû & connu.

XLV.

Item qu'en la fin de chaque Chapitre, tant en recepte comme en dépenſe, ſoient jettées & illec aſſiſes les ſommes de chacune monnoye, quand il aura pluſieurs monnoyes, & en la ſomme totale de la recepte ſoient faits les avallemens de chacune monnoye revenans à Carolus d'or ſelon nos Ordonnances, & ſemblablement ſoit fait la deduction telle qu'il appartiendra, nous voulons, que tous bails de fermes, & autre notre revenu ſoient faits en florins Carolus, & les comptes ſelon ce formés.

XLVI.

Item ſoient diligemment faites les corrections qui ſont à faire, & qu'à ce ſoient commis deux Maîtres ou Auditeurs, enſemble ainſi qu'ils aviſeront pour y continuellement beſoigner, quand on n'aura audition des comptes, & ceux que l'on trouvera demeurer chargés, ſoient incontinent executés par le Receveur general, à qui l'on baillera leſdites charges & dettes, par certifications pour en répondre, comme ci-devant eſt dit.

XLVII.

Item qu'en faiſant leſdites corrections, tant en recepte, qu'en dépenſe, où il appartiendra à faire corrections, ſoit écrit, & declaré, par quel compte, & en quel feuillet ſera rendu en recepte & priſe en dépenſe ladite partie, afin que l'on puiſſe mieux & plus promptement trouver les fautes, ſi aucunes y en a, de non avoir été rendu, ce que chaque Receveur & Bailly, ou Officier de Juſtice doit, & eſt tenu de rendre.

B 2

XLVIII.

XLVIII.

Item que lefdits des Comptes à Bruxelles, feront d'an en an les Extraits de tous Officiers, tant de Juftice que de recepte de toutes les décharges du Receveur géneral, du Tréforier de l'Epargne & des Guerres & Gages des Generaux des Monnoyes, & auffi des comptes des Villes, Privileges, Octroys, Remiffions, ou autres, dont finance eft payée audit Receveur general, & envoier lefdits Extraits en la Chambre des Comptes à Lille, pour voir, fi ledit Receveur géneral, & autres Officiers qui rendent illec leurs comptes, font recepte de leurfdites décharges, & fi l'on y trouvoit faute, recouvrer les amendes à notre profit.

XLIX.

Item que quand aucuns feront chargés de quittance & certification, & que le Receveur ou Officier rapportera, par fon compte euffent lefdits quittances ou certifications, lefdits Gens des Comptes mettront fur la partie d'icelle charge, que ladite quittance ou certification fera renduë, & en quel lieu elle fera enfilée pour le plûtôt trouver, quand befoin fera, mais nous entendons que lefdits des Comptes fe reglent au fait defdites trois quittances, felon qu'il eft ci-devant declaré.

L.

Item que lefdits Gens des Comptes ne fouffriront mettre ès comptes defdits Officiers aucunes parties, tant en recepte comme en dépenfe, ailleurs qu'en leur droit, lieu, & chapitre, afin que l'on puiffe plûtôt trouver lefdites parties, felon la nature d'iceux Chapitres, fans les entrelaffer.

LI.

Item que dorefnavant aucuns comptes, Regiftres, ni Lettres, puifqu'ils auront été mis à Cour, ou rendus en notredite Chambre, ne foient

traits,

trais, ni portés hors d'icelle, soit pour prendre les arrêts des comptes, copies, ou autrement, mais seront pris lesdits arrêts par lesdits Receveurs, ou leurs Commis presenteront aucun de ladite Chambre, ou même baillés par lesdits Auditeurs des Comptes pour mieux sçavoir répondre du compte, & aussi pour mieux tenir secrets aucuns arrêts & charges, que pourront par aventure être mis sur ledit compte, que l'on ne voudra laisser avoir, ni sçavoir auxdits Receveurs, ni Commis, si c'est toutesfois, que nous défirons voir aucuns d'iceux comptes, auquel cas les pourront mander, & faire apporter par un des Suppôts de notre Chambre pour les rapporter, après qu'en aurons fait prendre copie ou extrait, selon que les matieres en seroient disposées.

L I I.

Item lesdits des Comptes ne souffriront voir, ni visiter aucuns comptes & lettres rendus à la Chambre par autre, que par eux, & par le Chef de notre Privé Conseil, notre Chancellier de Brabant, les Chefs Tresorier general de nos Finances, Receveur general, ou autres, aians sur ce pouvoir, commission, ou ordonnance de nous.

L I I I.

Item que les Auditeurs & Clercs desdits Comptes, qui ont tel & semblable serment, qu'ont les Maîtres desdits Comptes, aient semblablement la manience & garde de tous les Registres, Extraits, Papiers, Memoires, & autres Ecrits étans en ladite Chambre des Comptes, comme ont lesdits Maîtres, sans ce que rien soit mis sous clef, dont lesdits Auditeurs & Clercs n'aient semblable clef & ouverture, qu'auront les Maîtres, afin que de tous lesdits Ecrits, iceux Auditeurs & Clercs, comme faire se doit, en aient plus grande

B 3

me-

memoire , & en puiſſent répondre quand métier
ſera , & pour éviter toutes ſuſpicions.

L I V.

Item défendons que nul n'ait entrée en notredite Chambre , fors ſeulement leſdits dés Comptes fermentés en icelle , & les dénommés au ſe-
cond article precedent , & les Officiers qui y ont à
beſoigner pour la rendition de leurs comptes ou
autrement , ſans ce qu'aucuns Clercs , ou Ta-
bliers deſdits des Comptes y puiſſent avoir entrée,
n'étoit pour copier , enregiſtrer , ou faire aucuns
Extraits en une Chambre où n'y auroit autre choſe , ſinon ce qu'on lui bailleroit à beſoigner , &
auſſi-tôt , qu'il auroit fait vuider ladite Chambre,
afin qu'il ne prende plus grande connoiſſance des
affaires d'icelle,

L V.

Item ſi par aucuns des Maîtres ou Auditeurs,
en faiſant les corrections des comptes ou autrement , étoient trouvés en aucuns d'iceux comptes avoir été fait aucune faute par erreur de geĉ,
ou autrement par inavertence ou ignorance , &
non pas par mauvaiſe malice évidente , celui qui
ainſi auroit trouvé ladite faute , la montrera à celui , ou ceux , qui ainſi aura ouï ledit compte ,
pour icelle faute , par eux être corrigée & amen-
dée , & s'il en étoit refuſant en trop grand dilay,
ledit compte ſera apporté audit grand Bureau ,
par-devant tous les Auditeurs & Maîtres , aux-
quels ſera montré ladite faute en la préſence de
celui , ou ceux , qui auront ouï ledit compte ,
pour par iceux des Comptes être corrigée icelle
faute, comme de raiſon appartiendra , & ſi icelui
ou ceux , qui auront fait ladite faute , n'étoient
plus Officiers en ladite Chambre , ladite faute ſera
tantôt corrigée par icelui , qui l'aura trouvé , &

ſiij

s'il y faisoit aucune doute pourquoi de soi seulement, la dût, ou pût corriger, il la rapportera au grand Bureau, & s'il étoit trouvé, que la faute fût faite de fait appensé par faute & mauvaise malice tellement, que la punition devoit appartenir à nous ou à notre Chancellier & Chef de Conseil, lesdits Gens des Comptes le feront sçavoir secretement de bouche, ou par leurs Lettres à nous ou à notre Chancellier, pour y être pourvû à notre bon plaisir.

LVI.

Item que toutes autres Ordonnances par nous, & nos Predecesseurs faites outre ce que par cette Ordonnance, est ordonnée touchans amortissemens, franchises, legitimations, deniers à nous dûs, pour lesdites causes, & pour épaves, estrayers, biens vagans, échoittes de bastardi, quinds ou dixièmes deniers, & autres services, & reliefs à cause de fiefs, confiscations de biens, amendes arbitraires, & autres exploits de Justice, & toutes autres choses contenuës esdits autres Ordonnances, & mêmement és deniers soient entretenuës & accomplies selon leur forme & teneur, par lesdits Gens des Comptes, & tous autres, qui ce pourra toucher, & appartenir sans aucunément enfraindre ci-avant qu'icelles ne soient dérogantes à cette presente Ordonnance.

LVII.

Item que tous Receveurs & Officiers de recepte, quelconques qu'auront baillés leurs Lettres de recepte, des deniers qu'ils auront reçûs, à cause de leurs receptes, declareront en leursdites comptes en chaeune partie de recepte la date de chacune de leurs Lettres, & à qui lesdits deniers auront été payés ensemble les autres conditions, touchans la nature de la recepte, & tout selon la nature de

 leurs

leurſdites Lettres de recepte, qu'ils auront ſur ce baillé.

L V I I I.

Item que ſi-tôt qu'aucuns deſdits Receveurs, & autres Officiers de recepte ſoient déchargés de leurs Offices par mort, ou autrement, leſdits Gens des Comptes manderont incontinent leurs hoirs, ou aians-cauſe, ou leurs pleiges, pour compter, & eux affiner d'icelles receptes, & à ce les contraindront ſi métier eſt par arrêt & ſaiſiſſement de leurs biens, & commettant Géans reſſeans à la garde d'iceux tant que leur état ſoit connu.

L I X.

Item que toutes Quittances, qui ſeront reçûës en ladite Chambre des Comptes, contiennent & faſſent mention expreſſe des termes & années, dont les Receveurs, ou Officiers de recepte ſe voudront aider, ſans ſous ombre de la generalité diſant de tous termes paſſés, aucune choſe paſſer outré ladite eſpécialité, & ce pour éviter aux fraudes & deceptions, que l'on y pourroit commettre par ſtyl de faire Quittance, ou autrement, dont partie ne ſe donneroit aucune fois garde, ni pareillement qu'ils paſſent aucunes Quittances faites ſur blancs ſignets que l'on peut emplir par ampliation, à la diſcretion de ceux, qui les écrivent, ou pourroient ſurvenir de grands abus.

L X.

Item qu'un Maître & Auditeur, qui auront ouï le compte de quelque Officier de Juſtice ou de recepte, ne ſera commis l'année enſuivante d'ouïr le compte ſubſequent, & voulons qu'un autre Maître des Comptes, ou deux & un Auditeur y ſoit ordonné, afin que ſi l'un par ſimpleſſe ou ignorance ne faiſoit ſon devoir & acquit, il ſe peut redreſſer.

LXI.

LXI.

Item voulons & ordonnons, qu'à chacune fois que notre Greffier des Fiefs de Brabant, commis à la recepte de nos droits de Reliefs par-tout ledit Pays, & les autres Officiers des Pays d'Outre-Meuse, feront recepte d'aucuns Reliefs de Fiefs à nous échûs par le trépas des heritiers d'iceux très-passés, il soit ordonné, & enjoint aux heritiers recevans lesdits Fiefs de endeans trois mois ensuivans baillés leurs rapports & denombremens desdits Fiefs en bonne & ample forme, & iceux envoyer en notredite Chambre des Comptes, pour les voir & visiter, collationer aux rapports, denombremens, & recipisses precedens, pour sçavoir s'ils ne sont ampliés ou augmentés en jurisdictions, ou autrement à notre prejudice, ni à la diminution de nos Hauteurs & Seigneuries, & iceux ainsi vûs & visités, s'ils les trouvent justes & raisonnables, sera ordonné auxdits Greffiers des Fiefs, & les autres Officiers, de bailler & dépêcher aux parties Lettres de recepisse, & si on trouve difficulté, seront corrigés à la raison, ou délivrés à nôtre Procureur General dudit Pays de Brabant, & d'Outre-Meuse, qui ce regardera, pour mettre le debat en Justice, pardevant nos Juges, qu'il appartiendra, & en attendre le jugement du droit.

LXII.

Item ne pourront prendre aucuns dons, ni gratuités, qui leur puissent démouvoir d'accomplir le contenu en ces presentes Ordonnances, selon que les termens le portent.

LXIII.

Item ne pourront tenir fermes de notre Domaine, ni y avoir part ou portion, ni aussi prendre gages, ou pensions d'autre, que de nous, à peine de privation d'Office, ou amende arbitraire.

LXIV.

L X I V.

Item lefdits de nos Comptes feront par nos Procureurs Fifcaux des Pays fortiffans en notredite Chambre par l'avis de ceux du Confeil de Brabant, foutenir, pourfuivir, & défendre les Droits, Procés, & Actions, qui touchent notredit Domaine, Hauteur, Seigneurie & autorités en leur baillant & adminiftrant tous titres, memoires & enfeignemens à ce fervans, tant de ceux, qui font en nos Treforiers des Chartres, qu'en notredite Chambre des Comptes, toutes fois nous entendons, que nuls originaux foient tranfportés hors des mains defdits des Comptes, ni de nos Treforiers des Chartres, & que l'on produife feulement des Copies authentiques, collationnées auxdits originaux, partie prefente & appellée fi befoin eft; afin que nofdits titres ne foient perdus ou diminués.

L X V.

Item ne pourront auffi lefdits de nos Comptes tenir ou exercer aucun Office de recepte, foit du Domaine ou de Juftice, ni avoir paction ou focieté avec Recçveurs ou Officiers comptables en ladite Chambre, excepté la recepte de l'épargne, laquelle pourroit être exercée par un Maître, ou Auditeur de ladite Chambre.

L X V I.

Item defendons auxdits des Comptes de donner à ferme perpetuelle ou arrentement aucune partie de notre Domaine, de laquelle on aura fait compte à notre profit, de quelque valeur qu'il foit, mais quand quelqu'un prefentera Requête pour avoir à ferme perpetuelle ou en arrentement aucune partie dudit Domaine, les renvoyeront à nous, ou aux Chef Treforier general & Commis de nos Finances.

LXVII.

LXVII.

Item pour ce qu'aucuns Receveurs, & auſſi leſdits de la Chambre ſont accoûtumés donner en ferme perpetuelle, bruyeres, coins des ruës, & autres parties, deſquelles auparavant rien ne ſe comptoit à notre profit, leſdits des Comptes auront ſoigneux regard, que par tels arrentemens, nous ou autrui ne ſoions intereſſés, ſans conſentir les donner en grande quantité, ou quand (avec ſucceſſion de tems) telles parties pourroient venir en valeur, pour en compter à notre profit,

LXVIII.

Item quand nous, ou les Chefs Treſorier general, & Commis de nos Finances, écriveront auxdits de la Chambre, pour avoir avis ſur Requête contendant avoir en ferme perpetuelle aucune partie de notre Domaine, leſdits des Comptes s'informeront, ou ſe feront informer par tel Officier, qu'il appartiendra, par bons & ſuffiſans témoins, ſans arrêter ſeulement à ceux, que les pourſuivans voudront produire de la grandeur, valeur & eſtimation de la choſe demandée, enſemble de l'interêt que nous ou autrui pour le preſent ou pour le tems à venir pourroit avoir en accordant ou refuſant ladite Requête, laquelle information ils joindront à leur avis, par lequel ils nous avertiront ſincerement & ouvertement, ce que leur ſemblera raiſonnable & convenable pour notre plus grand profit, ſelon leur ferment, & comme ils en voudront répondre, ſi par après on trouvoit notre profit n'avoir été gardé, ſans pouvoir excuſer ſur l'avis du Receveur, ou Officier particulier, ou qu'après nous aurions avec l'avis deſdits de nos Finances le tout aggréé, ratifié & confirmé.

LXIX.

LXIX.

Item lesdits des Comptes feront bailler au plus offrant toutes fermes muables à tels termes, & telles conditions, que pour notre plus grand profit ils aviseront convenable, sans accorder fermes muables, par appointement, si n'est par l'avis des Chefs, Tresorier general & Commis de nosdits Finances, ou pour chose de petite importance, comme non excedant vingt ou trente florins par an, & ce avec l'avis du Receveur particulier du lieu.

LXX.

Item pour ce, que par ci-devant n'a été mis ordre sur la taxation des Finances, des amortissemens & légitimations, qui s'accordent sous notre grand Séel, nous ordonnons, que par taux lesdits Finances, ils se feront bien & duement informer de la valeur des choses amorties, & de la richesse, & qualité des personnes legitimés, & tauxeront pour amortissemens des terres quotiers à l'avenant le revenu actuelles de trois années, & des Terres Feodales, à l'avenant du revenu de cinq années, & quant aux légitimations ne pourront tauxer lesdits Finances à moindre somme, que de dix Carolus pour les pauvres, & au regard des Enfans n'aians aucun bien, auront consideration à la qualité des parens poursuivans lesdits legitimations, & pour autres aians biens, meubles & immeubles, les tauxeront au dixiéme de la valeur desdits biens, & s'ils sont Gens industrieux ou attendans vrai-semblablement, les plus grands biens augmenteront ledit dixiéme, selon qu'ils trouveront raisonnable, comme aussi en tauxant pour les pauvres, ils devront avoir regard s'ils sont industrieux ou attendans autres biens.

LXXI.

Item défendons auxdits des Comptes de faire

quit-

quittance aux Fermiers de notre Domaine, ſans
notre Ordonnance, ou de ceux de nos Finances,
ſi ce n'eſt pour cauſe raiſonnable, ſi comme de
Guerre, Peſte, foudre de Ciel, ou autre tem-
pête, & cas fortuit, & ce juſques à trente ou quarante florins, & pour une fois ſeulement durant
chaque ferme, mais quand ils trouveront être raiſonnable de faire plus grande quittance en avertiront, ou renvoyeront les pourſuivans à ceux
de nos Finances.

LXXII.

Item quand on paſſe aucune ferme au plus offrant, leſdits des Comptes, s'ils y ſont preſens,
ou les Officiers commis pour paſſer leſdits Fermes, ne recevront aucuns, pour mettre la choſe
à prix, n'eſt qu'icelui ſoit raiſonnable, & excedant du moins les deux tiers de la valeur d'icelle
ferme, & quand en oïant les comptes, ils trouveront la choſe être miſe à moindre prix, que dit
eſt, feront répondre leſdits Receveurs de ce qu'ils
ont pris pour leurs vins, juſques à telle ſomme,
que leur ſemblera raiſonnable, afin d'éviter toutes fraudes, & non paſſer petits prix pour augmen-
ter les vins des Receveurs.

LXXIII.

Item qu'en toutes fermes, qui ſe donnent au
plus offrant, leſdits des Comptes doivent faire ap-
poſer une condition, à ſçavoir, que nuls de nos
Officiers, Seigneurs Nobles, Corps de Villes,
ou autres non qualifiés, pour déſervir perſonnel-
lement leſdites fermes, ne puiſſent mettre à prix,
ou offrir, ou faire offrir, & mettre à prix les parties, qu'on veut donner en ferme, ni auſſi être
reçûs pour cautionnaires.

LXXIV.

Item que leſdits des Comptes auront regard,

que

que tous Receveurs & autres Officiers comptables en ladite Chambre, tiennent leur résidence és lieux de leurs Offices, & les exerçent & déservent en personne, & s'ils n'en trouvent faute, nous en avertiront, ou ceux de nos Finances, pour en être fait à notre bon plaisir.

L X X V.

Item ordonnons que dorefnavant les Offices, qui fe baillent par admodiation, fe donneront pour le moins pour neuf ou dix ans, afin qu'on puiffe trouver Gens de bien, qui les veuillent accepter, & qui gardent nos droits & hauteurs mieux, qu'on a fait pour le paffé, quand on les bailloit feulement pour trois ou quatre ans.

L X X V I.

Item que dorefnavant nuls Officiers de Juftice ou de recepte défervans leurs Offices par admodiation, ne pourront tranfporter leurs Offices à autres, fans notre congé, & s'ils vont de vie à trépas durant leur ferme, icelle écherra vacante à notre difpofition, fans que leurs veuves & hoirs y puiffent prétendre aucun droit.

L X X V I I.

Item que lefdits Gens des Comptes, tant Maîtres, Auditeurs comme Clercs, feront tenus de jurer, & obferver realement, & à tout leur pouvoir ces prefentes Ordonnances, & à tous les points & articles contenus en icelles, fans aucunement les enfraindre. CAR AINSI NOUS PLAÎT-IL, & voulons être fait, en témoin de ce, nous avons fait mettre notre Séel à ces prefentes. Donné en notre Ville de Bruxelles le 29. jour d'Août l'an de grace mil cinq cent quarante & un, de notre Empire le vingt-deuxiéme, & de nos Regnes de Caftille, & autres le vingt-cinquiéme, ainfi étoit écrit, par L'EMPEREUR, & figné *Vereyken.*

A L I E

ALIENATION,

Engagere, & Vente des Seigneuries, Domaines & Jurisdictions du Duché de Brabant, de Limbourg, & Pays d'Outre-Meule.

CONDITIONS
SUR LESQUELLES

Les Chef Treforier General & Commis des Domaines & Finances du Roi, par ordre exprès de Son Excellence, & en vertu de Procure efpeciale de Sa Majefté à lui donné en date trentiéme de Janvier 1642. & du confentement des Etats de Brabant, s'expoferont en vente abfolute au plus offrant & dernier encheriffeur par paumées, hauffes, & au troifiéme coup de bâton, toutes les Seigneuries, Terres & Revenus du Domaine de Sa Majefté, tant en Brabant, qu'Outre-Menze, qui ont été d'anciennetté & plus n'agueres engagées, fuivant les Offices en faites & de la declaration qui fe fera de chaque partie à la premiere feance qui fe tiendra au Confeil defdites Finances, le dix-neufiéme du mois d'Octobre prochain.

Remierement lefdits Villages & Seigneuries, Terres & Revenus fe vendront abfolutement en pleine proprieté, félon la confiftence qui fera particulierement declaré, avec tout tel droit que Sa Majefté y a & comme en jouiffent prefentement les

Sei-

Seigneurs gagers sans rien reserver, en la Ville de Bruxelles, & s'y tiendra audit Conseil des Finances le premier jour de seance ledit dix-neufiéme d'Octobre, environ à dix heures devant midi, où chacun se pourra trouver pour mettre à prix & encherie lesdites Seigneuries par billets ou rapport secret par eux signez ou commis deuëment authorisé par Procure, & celui qui les aura ainsi mis au plus haut prix gagnera pour la paumée le 25. denier de la somme qu'il en aura offert, par dessus les deniers de l'engagere; & si aura-t-il le droit d'y mettre de suite par preference d'autres, autant de hausses que bon lui semblera vaillissante chacun hausse cent livres Arthois, & dont les hausseurs profiteront pour les y encourager le dixiéme denier, aussi-bien que ladite paumée, à la charge de celui à qui la partie demeurera absolutement par ledit troisiéme coup de bâton, bien-entendu qu'on ne sera tenu au payement de ladite paumée, ni au dixiéme des hausses au cas que mesdits Seigneurs des Finances ne trouvent convenir de passer outre à la vente absolute de la partie ou Seigneurie pour le prix qui en sera offert, & y demeurera icelle vente par après ouverte le tems de quinze jours, qui sera permis à un chacun de mettre autant de hausses que bon lui semblera, és mains du Commissaire de la Chambre des Comptes à ce autorisé, lequel en tiendra notice, & en fera rapport au bout desdits quinze jours en Finances, là où à porte ouverte en presence de tous ceux qui s'y voudront trouver, sera donné ledit troisiéme coup de bâton, après que personne ne voudra plus hausser, & ainsi demeurera ladite partie absolutement venduë à qui plus sans respect de personne.

II.

I I.

Ladite Vente se fera en livres ou florins de quarante gros monnoye de Flandres la livre, ou de vingt sols Artois chacun florin, payable, sçavoir le prix de ce que chaque Seigneurie ou partie excedera les sommes pour lesquelles elles sont à present engagées, endeans un mois après la demeurée, & le prix des premiers gagers au profit de ceux qui les ont engagées endeans deux mois après précisement au plus-tard, en bonne monnoye évaluée par les Placcards de Sa Majesté, le tout à Bruxelles és mains de Messire Ambroise Van Oncle Chevallier, Conseiller & Receveur general desdites Finances, à peine de réelle & parate execution, sans port ou dissimulation quelconque.

I I I.

Lequel Receveur general donnera ses Lettres de recepte desdits deniers par lui à recevoir & à proceder de ladite Vente, & seront dépêchées pour les acheteurs dûës Lettres-patentes d'adheritance au nom de Sadite Majesté, à l'entiere assurance des acheteurs, leurs hoirs, & aians-cause à leurs frais & dépens, pour être introduits en la réelle possession de leurs achats par les Présidens & Gens des Comptes ou Procureurs generaux qu'il appartiendra, lesquels Sa Majesté & ceux des Finances autorisent par cette irrevocablement, après lesdits trois mois écoulez, pourvû qu'il leur apperre desdites Lettres-patentes dûëment dépêchées, verifiées en Finances, & registrées en ladite Chambre des Comptes, ensemble de leur entier payement par Lettres de décharge, en payant leur ancien droit à rate du prix excedant celui de la premiere gagere seulement, à faute de quoi lesdits acheteurs ne pour-

ront

ront entrer, ni être mis en poſſeſſion de leursdits achats.

IV.

Les acheteurs auront tout tel droit & action
que Sa Majeſté a, ou pourroit avoir eu, pour en
jouïr des fruits & autrement faire relivrer les particuliers Seigneurs gagers, les Terres & Seigneuries de leur achat, & tout ce qu'en dépend, comme
ils ſont obligez enſuite de leurs Lettres gageres,
ainſi & en la même forme & maniere, comme
ſi Sa Majeſté les avoit rachetez lui-même, pour
les réünir à ſon Domaine, au regard de quoi
iceux acheteurs & Seigneurs gageres devront
vuider & démêler enſemble ladite jouïſſance en
conformité des conditions generales & autres
appoſées aux Lettres-patentes qu'ils ont de leurs
engageres, ſans que Sa Majeſté ſera obligé d'y
faire entrevenir quelqu'un de ſa part.

V.

Item tous ceux à qui aucunes deſdites parties
demeureront, les poſſederont abſolument pour
eux, leurs hoirs & aians-cauſe, avec haute,
moienne & baſſe Juſtice & Juriſdiction, ſuivant
qu'elles ont été engagées ou declarées par écrit,
pour en jouïr comme de leur bien propre, ſelon
que dit eſt, en longueur & largeur ſi avant que
les limites deſdites Seigneuries s'extendent, enſemble le droit de Plantis, tant des grands che-
mins que Communautez appartenans à Sa Majeſté, là où il n'y aura titre au contraire, en reſti-
tüant aux precedans Seigneurs gagers la valeur de
ce qu'ils y peuvent avoir planté, à la taxation de
gens s'y cognoiſſans, avec le Vol des oyſeaux,
la Pêche, Chaſſe, ſuivant les Placcards & Ordonnances ſur ce faits, & ſelon qu'en uſent & peuvent
faire tous autres hauts & ſubalternes Seigneurs pro-

prietaires

prietaires en Brabant, item auſſi avec les amendes
tant crimineles que civiles, enſemble les confiſcations des biens de Baſtards & de ſortilege, bien
vaquans ou lagans aux bains, mortes-mains ou à
faute d'heritiers, auſſi eſpaves & treune de mou-
ches à miel, droits Seigneuriaux & autres caſuels
appartenants auxdits autres hautes Seigneuries &
Juriſdictions en Brabant, ſans plus de revenu Domanial de ce que ſera declaré par eſcrit, ni com-
prendre toutefois le ſon de la cloche, ayde, ſub-
ſide, reliefs, legitimations, remiſſion, tous Oc-
trois tant d'eauene que de vent, confiſcations à
cauſe de rebellion, felonnie, ou pour tenir partie contraire à Sa Majeſté, auſſi pour crime de
leze-Majeſté divine & humaine, leſquels droits
& confiſcations on reſerve & declare expreſſement
appartenir à Sa Majeſté ſeule, ſes Hoirs & Succeſſeurs, comme de même on reſerve au profit
d'icelle & ſes Succeſſeurs toute ſorte de mine-
raux, enſemble les terres propres à faire tourbes
ès bruieres & lieux publics appartenans à Sa Majeſté qu'on pourroit trouver en aucuns deſdits
Villages & Seigneuries, & generalement tous
autres droits Souverains & de Regale, enſemble
le revenu Domanial non compris en la ſuſdite
declaration.

V I.

Si auront leſdits acheteurs encore à leur profit
tous les termes des Cens & Rentes qui viendront
à échoir après le jour de leur poſſeſſion, demeu-
rans néanmoins aux précedens Seigneurs gagers
la recepte des autres revenus, ſi comme des fermes en argent, en grains, & le prix des bois
vendus, dont le pied ſera coupé, mais les parties dont le pied ne ſera coupé au tems du rem-
bourſement des Seigneurs gagers, appartien-
G 2
dront

dront entierement auxdits Seigneurs gagers, non-obstant que les écheances en arrivent tôt ou tard après ladite possession, le tout en conformité des conditions des engagemens passés du sixié-me de Juillet mil six cens vingt-six, auxquelles on n'entend déroger, ains demeureront en leur force & vigueur.

V I I.

Tous les Cens, Rentes, Revenus, & autres Domaines qu'on trouvera esdits Villages ven-dus, non comprises esdits états & declarations, aussi celles dont les Receveurs ne peuvent ci-devant avoir répondu par leurs comptes, icelles demeureront refervées, & appartiendront à Sa Majesté, fes Hoirs & Succefleurs, pour par ceux de leur Confeil des Finances, Chambre des Comptes ou autres Officiers en être fait tel profit qu'il fera trouvé convenir, fans que les futurs Seigneurs acheteurs y pourront prétendre aucun droit ou action.

V I I I.

Et au contraire arrivant qu'on trouve esdits états & declaration quelques Cens qui ne foient trouvables, iceux feront évalués, compenfés & rencontrés auxdits acheteurs au denier vingt-quatre.

I X.

Les fermes courantes demeureront en force & vigueur jufques à l'expiration de leur terme, ne foit que lefdits acheteurs conviennent & accor-dent avec les Fermiers & Louagiers.

X.

Item és Villages & Seigneuries où de toute an-cienneté il y a eu Banc & Juftices, compofés de Mayeur & Efchevins, lefdits Bancs & Juftices de-meureront en même état qu'ils ont été jufques à
pré-

préfent, & iront à reffort, Loi & appel aux Cours
& Confeils qu'il appartiendra, comme autres Juftices hautes y fcituées, & pourront les acheteurs
établir & renouveller les Officiers, fauf ceux qui
font fujets au tour des Rolles des Archiers, ou
ceux qui en peuvent avoir obtenu Acte particulier
de la part de Sa Majefté pour leur vie, & lefquels
font obligés de refider au diftrict de leur Office,
felon les Placcards.

X I.

Mais là où il n'y a point pour le préfent, lefdits acheteurs en pourront établir & ériger des
nouveaux, comme auffi ériger figne patibulaire,
carquant, pillory, & autres marques de Juftice
& Jurifdiction hautaine, & y mettre tel Mayeur,
Efchevins & autres Officiers capables qu'ils trouveront convenir, pour faire droit, & prendre
connoiffance de toutes, tant caufes Criminelles
que Civiles, & au furplus exercer toute telle juftice, qu'appartiendra aux Seigneuries hautes,
moyennes & baffes en Brabant,

X I I.

Item lefdits acheteurs, leurs Hoirs & Succeffeurs, ou aians-caufe, feront tenus & obligés
pour lefdites hautes, moyennes & baffes Seigneuries, appendances & dépendances d'icelles, faire
foi & hommage à Sa Majefté, & les tenir, recevoir & relever de lui, & fes Succeffeurs, & en
faire le ferment de fidélité és mains des Officiers
des Cours Feodaux qu'il appartiendra, en plein
fief mouvant, felon la Coûtume & Loi du Pays, &
outre ce en donner dénombrement pertinent, tant
à ladite Cour Feodale, qu'à ladite Chambre des
Comptes à Bruxelles, dont leur fera donné d'eux
recepiffe, en paiant à Sa Majefté les reliefs ordinaires, & outre ce à la vente ou aliénation def-

C 3

dites

dites Seigneuries en arriere-main le vingtiéme denier pour droit Seigneurial, dont les acheteurs feront pour cette premiere fois exempts, en paiant feulement lefdits reliefs.

XIII.

De même lefdits acheteurs, feurs Hoirs, Succeffeurs, & aians-caufe, ne pourront rétroceder directement ou indirectement lefdites Seigneuries & dépendances qui leur feront demeurées, à ceux qui tiendront partie contraire à Sa Majefté, ou Ecclefiaftiques, Monafteres, Eglifes, Hôpitaux, Chapitres, Villes, Communautés, ou autres Gens de main-morte; lefquels ne feront auffi tenus pour qualifiés, ni admis à l'achat defdites Seigneuries.

XIV.

Et d'autant que la revente defdites Seigneuries en arriere-main, il appartient notoirement à Sadite Majefté comme Souverain & Seigneur Feodal, le droit de rétraite Dominiale ou Seigneuriale, en reftituant réellement aux acheteurs l'argent defdites ventes, fe conditionne ici expreffement, que fans préjudice du general Placcard fur ce émané l'an 1520. par l'Empereur Charles-Quint, d'éternelle mémoire, que ladite rétraite fe pourra auffi faire en cas defdites ventes par le Roi & fes Succeffeurs, même par préference des Parens des vendeurs endeans l'an après l'adherirance.

XV.

Et afin que les premiers Seigneurs gagers ne prétendent ignorance pour venir recevoir l'argent de leurs gageres au plus-tard endeans lefdits trois mois après la demeurée de cette abfolute vente, Lettres leur feront écrites de la part defdites Finances, pour venir recevoir lefdits deniers dudit

Rece-

Receveur general des Finances , lesquelles Lettres seront mises és mains des Seigneurs acheteurs , pour les faire délivrer à leurs fraix & dépens auxdits Seigneurs premiers gagers , par No-
taires , Huissiers , Sergeans ou autres gens publics , qu'on autorise à cet effet , & en absence
desdits Seigneurs gagers seront lesdites Lettres
délivrés aux Officiers desdits lieux , pour par eux
en donner l'avertence à leurs Maîtres , prenant
certification pertinente de la délivrance desdites
Lettres , & de la réponse qu'auront fait lesdits
premiers gagers , pour après ledit tems de trois
mois expirés , mettre lesdits nouveaux Seigneurs
acheteurs en possession de leursdits achats par
ceux de ladite Chambre des Comptes ou Fis-
caux , moiennant qu'il leur appert suffisamment
du réel furnissement des deniers de leursdits
achats par décharge dudit Receveur general des
Finances , qu'outre ce , il conte aussi qu'à faute
de n'être venu recevoir les deniers de leursdites
gageres , & rapporté leurs Patentes pour être cas-
fées , comme il appartient pour l'assurance de Sa
Majesté , que lesdits acheteurs les auront namp-
tis à leur profit & fraix és Greffes du Conseil
Provincial , parmi protestation qu'ils ne pourront
lever ledit argent , n'est , ni exhibent lesdites
Lettres-patentes d'engager avec les Cohiers &
Regîtres des menus Cens & Rentes , avec quittance suffisante au pied desdites Patentes , dont en
tel cas ils avertiront d'abondant lesdits Seigneurs
gagers , leurs hoirs ou aians-cause , afin de lever
ledit argent , si bon leur semble.

XVI.

Ne pourront aussi lesdits acheteurs se préva-
loir en préjudice de leur payement d'aucuns Privileges , Franchises ou autres Exemptions , ou

excep-

exceptions quelconques, fous pretexte de dettes ou prétentions telles qu'elles pourroient être, mais fi quelqu'un defdits acheteurs fe trouvoit en faute de faire prompt payement de la partie à lui demeurée endeans le fufdit terme limité & préfigé, foit en partie ou total, fondit achat fera mis de nouveau fans connivence de perfonne à folle enchere, & fe recouvrira à fon corps & biens la courtreffe qu'il y pourroit avoir, avec tous dépens, dommages & interêts, par réele & parate execution, comme des deniers Royaux.

XVII.

Il eft finalement dévifé quand aux Terres & Seigneuries qui font fujets au tour des Rolles des Archers, que l'on fe reglera ponctuellement fuivant l'Acte d'interpretation & Decret en donné par feuë de bonne mémoire Madame la Sereniffime Infante (que Dieu ait en gloire) dépêché par Finance le vingt-deuxiéme d'Octobre feize cens vingt-fix. Ainfi fait à Bruxelles le dernier de Septembre mil fix cens quarante trois. *Noy vt.*

Don *Francifco* DE MELLO, *Marquis de Tourdelaguna.*

H. Comte de Noyelle.

F. V. Kinfchot.   *I. Kockaerts.*
De Gryfperre.

MESSEIGNEURS,

Aiant reçû avant-hier celle par laquelle il a plû à Vos Excellence & Seigneuries, me demander si les deniers procedés des Ventes & Engageres se soient extendus jusques aux sommes portées par les consentemens donnés par les Etats de Brabant, ou bien s'il y resteroit encore pour le Supplement, à quel effet j'aurois à leur envoyer specification de l'import desdites Ventes & Engageres, & les Copies des Actes desdits consentemens, je me suis tout aussi-tôt mis à la recherche des papiers que je pouvois avoir sous moi concernans cette matiere, & je trouve que la vraie connoissance de l'import des consentemens a été recherchée par Vos Excellence & Seigneuries dès l'An 1649. lors que feu le Conseiller & Maître des Comptes de Haen qui m'a precedé en la commission des Ventes & Engageres de Brabant, a par leur ordre fait tous devoirs, tant chez les Etats qu'en l'Audience pour retrouver l'import desdits consentemens, & après dûë confrontation, on a trouvé que depuis l'An 1626. lors que l'on a commencé d'engager aient été donné les consentemens portés par la Liste ci-jointe sub A, faisans par ensemble la somme de 5.227.000 l. Arthois, & selon l'état que j'ai envoié à Vos Excellence & Seigneuries sur le commencement de l'An 1653. toutes les Ventes & Engageres faites depuis ladite Année 1626. jusques & y compris l'An 1652. ont monté à la somme de 4.880.407. l. en sorte qu'il y avoit encore consentement de reste pour la somme de 346593. l. selon qu'il est à voir par ledit état ici rejoint : mais comme du depuis l'on a encore chargé le Domaine des Rentes specifiées à la

suite

Vente des Seigneuries de Brabant, suite dudit état, vendu & aliené les parties y aussi jointes, Vos Excellence & Seigneuries pourront reconnoître de combien les Ventes & Engageres surpassent les consentemens, sans qu'il faudroit à considerer si le consentement appliqué au capital de 500 000. l. comprises sous le Quartier de Limbourg, & assignés en Rente au denier seize au Seigneur Duc de Lorraine ne se pourroit réappliquer ailleurs pendant que ladite Rente a été éteinte ou remboursée du depuis, moiennant quoi & les Copies ci-jointes des consentemens que j'ai trouvé parmi mes papiers, j'espere qu'Elles auront l'éclaircissement qu'il leur a plû me demander; & par ainsi je finirai la presente en priant Dieu,

MESSEIGNEURS,

De conserver Vos Excellence & Seigneuries en longue & heureuse vie. De Bruxelles le 25. d'Octobre 1662.

De Vos Excellence & Seigneuries,

Le très-humble, & très-obeissant Serviteur,

LE ROY.

Im-

Import des Confentemens des Etats de Brabant, pour charger, engager & vendre le Domaine dudit Pays depuis l'An 1626. jufques à prefent.

LE 9. Juin 1626. a été donné con-fentement pour engager ledit Do-maine à la concurrence de la fomme de 800 000

Le 5. d'Août de la même année, il y a eû confentement d'autres 200 000

En Janvier 1628. a été donné con-fentement pour engager à la concur-rence de 600 000

En Decembre 1631. a été donné con-fentement pour autre fomme de 400 000

En Decembre 1632. a été donné au-tre confentement pour la fomme de 400 000

En Juin 1638. a été donné autre con-fentement pour la fomme de 450 000

En Mai 1641. a été donné confente-ment pour l'engagere de *Carpen* & *Lommerfem*, laquelle porte à la fom-me de 137 000

Et en outre encore pour charger le Domaine en la concurrence de 240 000

En Août 1643. a été donné confen-tement pour vendre les Seigneuries à la concurrence de 300 000

En Avril 1544. a été donné confen-tement pour vendre jufques à la fom-me de 300 000

En Mai 1644. a été donné confen-tement pour l'engagere des *Tonlieux d'Anvers* jufques à la fomme de 400 000

En Février 1645. a été donné con-fentement pour lever à Rente la fom-me

me de 700 000 , & la levée s'en étant
faite fur les Licentes d'Anvers , avec
claufule de rembourfement par la même voye, ledit confentement a été con-
verti au mois de Mai 1649. en celui de
la pouvoir appliquer en ventes du Domaine , & même a été rehauffé d'autres 300 000. au fujet de l'engagere
des Corruées de Brabant, font ces deux
confentemens enfemble   1000 000
                                         ⸺⸺⸺
                                         5227 000

MEffieurs les Bourguemaftres , Efchevins,
     Threforiers , Receveurs , & Confeil, re-
prefentant le premier membre de la Ville de
Bruxelles , ayant vû & examiné la propofition
faite aux trois Etats de Brabant de la part de Son
Alteffe au nom de Sa Majefté par le Sr. Baron
de Saventhem , Chancellier de Brabant , le 30.
d'Avril dernier , mentionnée dans fa Lettre de
crédence du dix-feptiéme du même mois , afin
que lefdits Etats voudroient confentir à l'engagement des Seigneuries de *Carpen* & de *Lommerfem* , avec les Domaines & revenus y appartenants , fur le même pied que lefdites Seigneuries
ont été ci-devant engagées, & de plus d'engager
fes Domaines de Brabant jufqu'à la fomme de
cent mille efcus , pour en lever les deniers capi-
taux , pour en reconnoître l'interêt ou Rentes ,
pour les affurer & les hypothequer fur lefdits
Domaines , vû à ce fujet l'opinion de Meffieurs
les Prelats & Nobles , reprefentans les deux premiers Etats dudit Pays formée les 4. & 6. de Mai
dernier , portant confentement à l'engagement
requis defdites Seigneuries de *Carpen* & de *Lommerfem* ,

merfem, comme auffi pour laiffer charger lefdits
Domaines jufqu'à la fomme de deux cent quarante mille florins, fous huit conditions diffe-
rentes, fi le Tiers-Etat s'y conforme, & pas autrement, vû auffi l'Acte d'acceptation de fadite
Alteffe du 17. May dernier, ont declaré qu'ils
avoient bien efperé que le peu des Domaines de
Brabant n'étant pas encore engagé ni chargé, eût
demeuré & refté dans le même état, puifque ce
Pays de Brabant contribue fi liberalement & même beaucoup au-deffus de fes forces les deman-
des & fubfides ordinaires & extraordinaires; mais
parce que deux ennemis fi puiffans (comme font
les François & les Rebelles) font tous leurs ef-
forts pour ruiner entierement ce Pays, & qu'ainfi
par après l'on pourroit fe repentir & le plaindre
qu'on auroit omis quelque chofe pour fa défenfe
commune de la Patrie, ce pourquoi Meffieurs
fufdits ont confenti comme ils confentent par
cette, audit engagement, & pour charger les Domaines jufqu'à la fomme ci-deffus mentionnée,
pourvû que les fufdites huit conditions ftipulées
s'obfervent pontuellement, & que les deux autres Etats de cette Ville y confentent & pas autrement. Ainfi opiné le 6. Juin 1641.

LEs Sieurs & bons hommes du Confeil Large
reprefentant le deuxiéme Etat de la Ville de
Bruxelles, ayant fait attention à cette propofition, difent qu'ils fe conforment à l'opinion de
Meffieurs les Etats de Brabant, les Prelats & les
Nobles, comme auffi de Meffieurs du premier
Etat, fuivant les conditions & ftipulations qu'ils
ont faites, & cela en cas que le Tiers-Etat y don-
ne fon confentement & pas autrement. Ainfi
opiné les 18. & 19. de Juin 1641.

Les

LEs bons hommes des neuf Nations reprefentans le Tiers-Etat de la Ville de Bruxelles,
difent qu'ils fe conforment à l'opinion des Sieurs
& bons hommes du Confeil Large. Ainfi fait &
opiné refpectivement les 20. & 21. Juin 1641.
& étoit figné *Jac. Mr. Jans.*

MEffieurs les Prelats & les Nobles reprefentant les deux premiers Etats de Brabant,
ayant eu part de l'opinion renduë refpectivement
par les Villes Capitales de Louvain, Bruxelles,
& Anvers, reprefentant le Tiers-Etat dudit Pays,
declarent qu'ils trouvent qu'on a confenti à l'engagement requis des Seigneuries de *Carpen* & de
Lommerfem, avec les Domaines & Revenus y
appartenants & de plus pour charger les autres
Domaines de Sa Majefté en Brabant & Outre-
Meufe, jufqu'à la fomme de deux cent quarante
mille florins une fois, & cela fuivant toutes les
conditions ftipulées, comme il paroît par la Copie defdits opinions ci-jointe : fait à Bruxelles le
6. Août 1641. Deffous étoit écrit moi prefent.
Signé *J. Maes.*

SOn Excellence ayant eu rapport de l'opinion
& refolution des Prelats & des Nobles reprefentans les deux premiers Etats de Brabant, portant confentement pour que Sa Majefté pût engager & charger le Bois de Soigne & autre Domaines fcitués en la Ville & departement de
Bruxelles jufqu'à la fomme de fept cens mille
florins, fuivant la propofition pour ce fujet faite
de la part de Sa Majefté ; de l'avis du Confeil
d'État & des Finances a accepté, comme il accepte par cette ledit confentement, remerciant
                                                lefdits

lefdits Prelats & Nobles, & declarant que fon in-
tention eft, que les deniers qui en feront produits
foient emploïés au payement des néceffités de la
Campagne prochaine & de ce qui en dépend , &
de plus avec toutes les conditions contenues dans
des précedents pareils engagements ou charges ,
ordonnant ultérieurement que cette acceptation
avec ladite opinion feront communiquées incef-
famment aux Villes Capitales de Brabant, pour
s'y conformer, & de nous remettre au plûtôt
leur refolution en moins de huit jours. Fait à
Bruxelles le 26. Février 1645. Paraphé, *Ro. vt.*
Signé, *El Marcq. de Caftelrodrigo*, plus-bas,
Par Ordonnance de fon Excellence, figné, *Verreycken.*

SOn Alteffe Sereniffime ayant eu rapport des
opinions des trois Villes Capitales de Brabant,
touchant l'alienation abfolvée des Domaines de
Sa Majefté y mentionnée , comme auffi touchant l'engagement de ce que les Prelats , Abbeffes , Prieures , & autres Superieurs Ecclefiaftiques dudit Pays font redevables à la Venerie,
des Corruwées qu'ils doivent faire à *Boitsfort*,
& de toutes autres Corruwées & charges, celles
même qui ne regardent pas la Venerie, fuivant
la requifition & propofition faite plus amplement
à ce fujet, comme auffi de l'opinion des deux premiers Etats, qui a précedé là-deffus, & de l'Acte
d'acceptation provifionelle qui en eft fuivie, &
finalement de la declaration defdits Prelats &
Nobles donnée par écrit le 29. d'Avril dernier,
portant, que hors lefdites opinions il refulte un
confentement qui fuffit audit effect, le tout meu-
rement confideré de l'avis du Confeil d'Etat &
de celui des Finances, a accepté ledit confentement,

ment, & l'accepte par cette, rémerciant à ce fujet lefdits trois Etats, ordonnant qu'il aura fon
plein effet, néanmoins bien entendu que Sa Majefté pourra décharger & rembourfer à chaque
Prelat ou Abbeffe en particulier, ou à quelque
autre que ce pourroit être, les droits qui leur
font engagés, mais à condition que la décharge
fe faffe en fon entier, de tous les droits qu'un tel
Abbé ou une telle Abbeffe a eû en gage, fans aucune divifion ou referve, authorifant lefdits Prelats, Abbeffes, Prieures, & autres Superieurs,
& chacun d'eux en particulier, de pouvoir trouver les deniers de leur redemption, en chargeant
les biens de leur Abbaye, à quelle fin cet Acte
fervira d'Octroi. Fait à l'Armée à Commene
le 3. Mai 1649. Paraphé, *Ro. v*^t*. figné, *Leopold
Guills*, plus-bas, *Par Ordonnance de Son Alteffe*,
figné, *Verreycken*, encore plus-bas étoit écrit :
Concordat cum Originali, figné, *J. B. Ghinder-
zaelen*.

ESTAT SUCCINCT

*De tout ce que Sa Majefté a profité, tant par l'En-
gagere & Vente des Seigneuries du Duché de
Brabant & Pays d'Outre-Meufe, qu'autres
fommes dont on a chargé le Domaine par forme
de Rente, depuis le mois d'Août de l'an 1626.
jufques à la fin de l'an 1650. inclus.*

AU QUARTIER DE LOUVAIN.

	fl.	Art.
LUBBEQUE a été engagé l'an 1626. pour la fomme de	3200	
Et venduë abfolument au *Sr. de Schoonhove* le 27. Septembre 1648. pour autres	3200	

COR-

CORBEECQ, OVERLOO &
VELTHEM font engagés depuis
l'an 1638. au *Sr. Boot* pour la fôm-
me de   4400

    Et venduës le 19. Juillet 1651. ce-
lui-ci audit *Boot*, & l'autre au *Sr. Da-*
niels pour la fomme de   4400

WINXELE fut engagé l'an 1638.
au *Sr. Jean van Cauwenhove* pour la
fomme de   2400

    Et venduë abfolument le 19. d'Août
1645. pour autres   2400

HOLSBEQUE a été engagé le 8.
d'Août 1626. pour   2500

    Et venduë abfolument le 4. de
Mars 1650. pour autres   2600

PELLENBERGE a été engagé
l'an 1626. pour   1600

    Et venduë abfolument le 9. d'Avril
1650. pour autres   2400

    LOVENJOUL aiant été engagé
l'an 1558. pour 14. fl. 18. fols 8. den.
fut rehauffé l'an 1626. d'autres   1785 - 1 - 4

    Et venduë abfolument le 7. d'Oc-
tobre 1648. pour autres   2700

CORTEMBERGE n'eft point
engagé : mais la Dame Abbeffe illec
a furni le 17. de Juin 1648. la fomme
de trois mille fl. à condition que Sa
Majefté ne l'engageroit, ni vendroit
dans 28. ans : ici doncques   3000
                    ————————
                     36585 - 1 - 4

36585 - 1 - 4

HERENT & le HAMEAU D'OISTERHEM ont été engagés l'an 1626. pour   3000

     Et venduës abfolument le 19. d'Août 1645. pour autres   3000

     NEDERYSSCHE a été vendu abfolument le 16. Janvier 1644. pour la fomme de   10200

     THIELDONCQ a été engagé l'an 1630. fans y comprendre l'Engagere de l'an 1558. pour   1546 - 11 - 3

     Et venduë abfolument le 26. de Septembre 1644. à *N. van Campe*, pour autres   3600

     CORBEQUE OVER DYLE fut engagé l'an 1630. pour   850

     Et rehauffé au mois de Mai 1638. d'autres   500

     Et venduë abfolument le 5. Février 1644. au *Sr. Jean Streignart* pour autres   2500

     Le provenu des Engageres & Ventes paffées au Quartier de Louvain, fait en tout à la fomme de
        —— 61781 - 12 - 7 d. Arthois.

Depuis trouvé que pour la parpaye de cent mille florins, que la Comteffe de Berlaimont avoit avancé l'an 1626. on lui a affigné l'an 1647. 2250. fl. de Rentes fur les receptes de Louvain, Tillemont,

        61781 - 12 - 7

Nivel-

| | 61781-12-7 |

Nivelles & Jodoigne, faifant en Capital — 36000

De forte que le fufdit provenu monte en tout à la fomme de

| | 97781-12-7 |

QUARTIER DE TIRLEMONT.

La Mairie de Halen.

LE Village de MEENSELE fut enga-gé l'an 1630. le 17. d'Août à *Philippe de Hertoge* à la charge du tour de Rolle pour — 1200

CAPELLE fut engagé le 7. d'Août 1626. à Damoifelle *Catharina van Schoor*, pour — 2400

SUERBEMPDE fut engagé le même jour & an, à la même Damoifelle, pour — 2300

GLABBEQUE fut engagé le 17. d'Août 1626. à la même Damoifelle, pour là fomme de — 2100

AETRODE & WEVERE a été vendu le 3. Decembre 1643. pour la rehauffe par-deffus l'engagère de l'an 1558. de la fomme de — 2668

WINGEN & GEMPE ont été enga-gés le 8. d'Août 1642. pour la fomme de 2000. fl. depuis remboursés par les Inha-bitans, néanmoins ici — 2000

Et venduës abfolument le 11. Juillet 1651. pour autres — 4000

| | 16668 |

LIESEKUM a été vendu le 16. Decembre 1643. pour la rehauffe par-deffus fa vieille engagere de l'an 1658. de la fomme de   2080

NEETEN a été vendu le 26. Septembre 1644. pour la fomme de   7600

CORTENAKEN a été engagé le 7. d'Août 1626. au *Sieur Cornillé van Bruf-fel*, pour la fomme de   4000

KERSBEKE a été engagé le 17. de Juillet 1626. par-deffus 300. fl. de la vieille engagere pour   1200

DOORNE a été engagé l'an 1626. pour   2000

Et vendue abfolument le 18. Février 1649. pour autres   2300

En la Mairie de Vander Geeten.

HAKENDOVER & le HAMEAU de WILMERCHEM.

LARE.

WAESMONT.

NEERWINDE ont été engagés le 19. Février 1627. au *Contador Mayeda*, pour   800

GUTSENHOVEN.

OVERHESPEN.

NEDERHESPEN furent engagées le 11. d'Août 1626. audit *Contador Mayeda*, pour   2400

WOMMERSHEM & le HAMEAU de WALSBERGEN a été engagé l'an 1626. pour   2600

Et rehauffé d'engagere le 18. de Mai 1638. d'autres   500

49348

Et depuis vendu abſolument pour au-
tres   3100
   OVERWINDE a été engagé le 8.
d'Août 1626. au *Sieur Wachtendoncq* , pour 3100
   RUMPSDORP a été engagé le 7.
d'Août 1626. pour   1000
   Et venduë le 8. d'Août 1645. pour au-
tres   2600
   NEDERLANDEN a été engagé le 11.
d'Août 1626. pour   1900
   Et venduë abſolument le 7. Decembre
1648. pour autres   2100
   OP & NEDER-DORMAEL a été en-
gagé le 22. d'Août 1630. pour   1500
   Et venduës abſolument le 7. Decembre
1648. pour autres   3086
   GOIDSENHOVEN avec les HA-
MEAUX de MERETAFF a été engagé
le 29. d'Août 1630. pour   800
   Et venduë abſolument le 28. Novem-
bre 1648. pour autres   1200
   ELISSEM a été engagé le 13. d'Août
1628. , pour   1200
   NEERVELPE a été vendu le 19. De-
cembre 1648. au grand Mayeur de Tille-
mont, pour   2000
*   En la Mairie de Cumptich ſous Tirlemont.*
CUMPTICH & le HAMEAU de
BUTSELE , SINTE PEETERS
VISSENAKEN , & le HAMEAU de
GUYNINGEN ont été engagés le 27.
d'Août 1630. pour   1500

74434

Et

74434

Et rehauffés le 3. d'Août 1638. pour autres   700

Et venduës abfolument le 21. Janvier 1644. à *M. de Malcotte* Sr. Gagier pour autres   2400

OIRBEKE demeuré engagé depuis le 14. d'Août 1626. au *Sr. Paul Van Ryckel*, pour   3100

WILLEBRINGEN & le HAMEAU de HOUSSEM a été engagé le 17. d'Août 1630. pour   2000

Et rehauffé le 8. Juin 1638. pour autres   200

Et venduë abfolument le 9. Mars 1644. à la *Comteffe de Mulart*, pour autres   3207

VEERTRYCKE avec le HAMEAU de CORTHEM a été engagé le 19. Juillet 1630. pour   5000

Et rehauffé le 28. Juillet 1638. par autres   1000

NEDERBUTSELE a été vendu au *Quartier Maître General Rodolphe* le 1. Juillet 1648. pour   720

KERCKHEM avec le HAMEAU de BYVOORDEN a été engagé le 17. d'Août 1630. pour   2000

Et venduë abfolument le 27. Decembre 1648. pour autres   2000

MELDERE a été rehauffé d'engage-re l'an 1630. le 17. Juillet, pour la fomme de   2400

99161
Et

99161

Et encore rehauſſé le 7. Juin 1638. par autres — 640

Et venduë le 18. Decembre 1648. pour autres — 5200

BUDINGEN a été vendu le 13. Decembre 1648. pour la ſomme de 1300. fl. par-deſſus les 500. fl. de l'engagere de l'an 1558. — 1300

BINCKEM demeuré engagé depuis le 17. d'Août 1626. au *Sr. de Bummen*, pour — 3000

ROOSBEKE a été engagé le 4. d'Août 1638. pour — 7000

Et venduë abſolument le 23. Decembre 1643. pour autres — 4600

BOUTERSSEM en tel droit que le Roi y a, a été vendu le 22. Decembre 1646. pour — 2000

Totale Somme du provenu deſdites engageres & ventes ſous Tillemont.

122901

ROMAN PAYS DE BRABANT.

En la Mairie de Nivelles.

SONY ſur le Pieton fut engagé le 4. Septembre 1626. à *Monſieur le Commis Vander Beken*, pour — 1600

En l'Office de Genappe.

GLABAIS demeuré engagé depuis le 11. d'Août 1626. au *Baron de Wonshem*,

D 4

avec

1600
———

avec deux poulles, par an sur chaque me-
nage, pour   1200

SEROULX demeuré engagé depuis le
7. d'Août 1626. au *Sr. Aguierres*, pour   2000

MARANSART & LA COULSTU-
RE a été vendu le 16. Juin 1646. au *Ba-
ron de Limale*, pour   1600

PONT A CELLE a été vendu au *Sr.
Commis Vander Beken* le 16. Mars 1644.
pour   1300

En l'Office de la Hulpe.

WITTERSIES a été vendu le 29. Decembre 1643. à la Dame *Comtesse de
Willerval*, pour   1284

CHAPELLE S. LAMBERT fut en-
gagé le 16. d'Août 1630. au *Pagador Li-
male*, pour   2100

Et vendu absolument audit *Pagador Limale* le 15. Février 1644. pour autres   2100

OISTKERCKE demeuré engagé de-
puis le 17. d'Août 1630. pour   1400

CLABBEQUE fut engagé le 5. d'Août
1626. pour   1200

Et vendu absolument le 30. d'Août 1650.
au *Sr. de Cornoaille* pour autres   1500

En l'Office de Mont S. Wibert.

COUROIT LE GRAND fut engagé
l'an 1561. pour 1077. fl. & rencheri
le 17. Juillet 1630. par le *Sr. Charles de
Rolly* d'autres   2500

———
19784
Et

Et encore rehauffé le 17. d'Avril
1638. d'autres   1100

Et vendu abfolument le 19. Janvier
1644. au *Sr. Jean del Plano* au nom du
Sr. Michel de Rolly pour autres   5322

LIMELETTES demeuré engagé
depuis le 3. d'Août 1626. à *Etienne
Hullet* pour   4000

LIMALE fut engagé le 3. d'Août
1626. pour   1000

Et vendu abfolument le 5. Février
1644. au *Sr. Gagier le Pagador Gene-
ral* pour autres   1000

BIERGES demeuré engagé audit
Pagador General depuis ledit 3. d'Août
1626. pour   1500

En l'Office de Grez.

GREZ avec le Revenu & Dépendant fut engagé le 3. d'Août 1626.
au *Baron de Wonsbegem* pour   30100

CHAPELLE S. LAURENT &
NODEBAIS demeurent engagé de-
puis le 5. d'Août 1626. pour   15000

BOULER de SOUBS & de SUR
TRAIN engagées le 19. d'Août 1630.
pour   800

Et vendu abfolument le 7. Decembre 1643. au *Sr. Gagier le Seigr. Audiencier*, pour autres   1000

BOSSUT fut engagé le 3. d'Août
1626. pour   4380
                                          ―――――――
                                               84986
                                                 Et

84986

Et rehauffé le 9. d'Août 1638. par au-
tres   1200

Et venduë abfolument le 20. de Janvier 1644. à *Damoifelle Marie le Roi*,
pour autres   6420

GOTTECHIEN fut engagé le 3.
d'Août 1626. à *Gerard Dudecum*, pour   1300

Et rencheri le 9. d'Avril 1638. par *Ju-
docus Vanden Eede* pour autres .   500

DULCHEAU fut engagé le 18. de
Juillet 1630. au *Sr. Audiencier* pour   1000

Et vendu abfolument au *Sr. Gagier* le
19. Janvier 1644. pour autres   1200

CORBAIX fut engagé le 4. d'Août
1638. à *Maffin de Labbaye* pour fon Command, pour la fomme de   300

Bailliage de Jodoigne en l'Office d'Aincourt.

AINCOURT & LONGEVILLE
furent engagés le 4. Mai 1629. pour   3000

Et venduës abfolument le 13. Janvier
1644. au *Sieur de Hemskercke* pour au-
tres   4000

LATHUY fut engagé au feu *Receveur General Van Oncle* le 22. d'Août
1630. pour   1000

Et rencheri par le même le 9. d'Avril
1636. d'autres   250

Et venduë abfolument le 15. Mars
1644. au *Penfionnaire de Louvain Scho-
renbroot*, pour autres   1750

SAINTE MARIE LEZ OPPRE-

106906
BAIX

BAIX fut engagé le 17. d'Août 1630. au
Sr. de Rouxmiroir, pour   600
    Et rehauffé le 15. Mai 1638. pour autres   500
    Et venduë abfolument le 13. d'Octobre 1648. à *Maffin Labbaye* pour fon Command, pour autres   1300

En l'Office de Jandrain.

JANDRAIN & JANDRINOEUL furent engagés le 17. d'Août 1630. à *Louis le Comte* dit *d'Orville*, pour   3000
    Et vendu abfolument le 1. Juillet 1648. au *Baron de Jauche*, pour autres   4000
    MARILLES fut engagé le 17. d'Août 1626. à *Cornille de Wytftiet*, pour   2100
    Et vendu abfolument le 26. d'Octobre 1648. à *Jaques Druhot*, pour autres   2500
    MOLEMBAIX S. PIERRE & AYMINES furent engagés le 3. d'Août 1626. à *Philippe d'Outremont*, pour   2600
    Et vendu abfolument le 11. de Mars 1648. à *Maffin de Labbaye*, pour fon Command, pour autres   3800

En l'Office d'Orp le Grand.

ORP LE GRAND, LIBERTANGES, POLAINES & CHAMPTEAU furent engagés le 29. d'Août 1630. au *Sr. Philippe de Vlierden*, pour   4000
    Et venduës abfolument le 27. de Juillet 1638. au *Comte d'Effeneux*, pour autres   6000

137306

137306

NODUEZ fut engagé le 6. d'Août
1626. à *Erneft de Renieres*, pour 2100
 Et vendu abfolument le 10. de Sep-
embre 1648. à *Maffin de Labbaye*, pour
fon Command, pour autres 2400

En l'Office de Geft à Gerompont.

**GEST A GEROMPONT & OF-
FHUYS** furent engagés au *Confeil-
ler Maes* le 22. d'Août 1630. pour 1500
 Et venduës abfolument le 7. d'Avril,
1644. à *Maffin de Labbaye*, pour fon
Command, pour autres 1500
 FOULX fut engagé le 20. d'Août
1630. audit *Confeiller Maes*, pour 800
 Et vendu abfolument le 4. Juillet 1648.
au *Baron de Jauche*, pour autres 1200
 RAMELIES fut engagé le 19. d'Août
1630. au *Confeiller Maes*, pour 1000
 Et vendu abfolument le 11. Decembre 1648. au *Sr. Philippe-François Dyne*,
pour autres 1500
 HEDENGE fut engagé le 5. d'Août
1626. au *Confeiller Gerlaix*, pour 1200
 Et venduë abfolument le 4. Juillet
1648. au *Baron de Jauche*, pour autres 1800

En l'Office de S. Jean Geft.

**SAINT JEAN GEST, SAINTE
MARIE GEST, PIETREMAL &
JEUNE VILLE** furent engagés le 20.
d'Août 1630. au *Sr. le Comte*, dit *d'Orville*, pour 2000

154306

154306

Et rehauffés le 5. Février 1643. par *Jaques Blyleven*, d'autres   1500
Et venduës abfolument le 28. d'Octo-
bre 1648. à *Nicolas Baufel*, pour autres   4300

Saint Remy Geft.

DEmeuré engagé depuis le 16. d'Août
1626. & la rehauffe du 5. Février
1643. au fufdit *d'Orville*, pour   1600
HERBAIX fut engagé l'an 1561. pour
573. fl. 1. f. & fut rehauffé le 19. d'Août
1630. par le *Préfident le Roy*, d'autres   500
Et venduë audit *Préfident le Roy* le 20.
Janvier 1644. pour autres   1426-8

Au Bailliage de Hanut.

HALET LE GRAND fut engagé le
14. d'Août 1626. à *Guillaume Raheau*,
pour   3100
Et venduë abfolument le 12. de Mai
1644. à *Maffin de Labbaye* pour lui ou
fon Command, pour autres   3100
PETIT HALLET fut engagé le 16.
d'Août 1630. pour   1600
Et venduë abfolument le 22. Septem-
bre 1645. à *Jean Streignart*, pour autres   2200
AVERNAS LE BAULDUYN &
BERTREIS fut engagé le 21. d'Août
1630. au *Sr. de Mombeque*, pour   1000
Et vendu au *Sr. Gagier* le 3. Février
1644. pour autres   4250
PUTCHEZ & ABOLENS fut engagé

178882-8

178882-8
____

le 29. d'Août 1630. au *Sr. de Mombeque*,
pour 1200
Et vendu au *Sr. Gagier* le 27. Janvier
1644. pour autres 2300
LENS S. REMI où les BEGINES &
LENS A LA CROIX demeuré engagé
depuis le 4. d'Août 1626. au *Sr. de Gui-
fort*, pour 4100
VILLERS devant Hanut demeuré en-
gagé depuis le 4. d'Août 1626. audit *Sr.
Guifort*, pour 3200
LIGNEY, CREHAING & MOU-
CHERON furent engagés le 29. d'Août
1630. audit *Sr. Mombeque*, pour 1000
Et venduës le 9. Septembre 1648. au
Maître des Comptes de Haen, pour autres 1100
Totale Somme du provenu des Ven-
tes & Engageres fous le Roman Païs de
Brabant.
____
191782-8

AU QUARTIER DE BRUXELLES.

LE 7. d'Août 1626. ont été engagés
à la Ville de BRUXELLES, pour
la fomme de 300 000. fl. les parties fui-
vantes.

Premierement une Rente de 2825. fl.
que ladite Ville devoit au Roi pour refte
de l'achat du droit de Louche & de la
Halle au Bled.

Item une Rente de 1150. fl. par an
pour l'Octroi de l'Accife fur le Vin.

26. fl. 13. f. pour le rachat de deux
                                        pie-

pieces de Vin de Beaume pour la Drap-
perie.

Item une Rente de 1400. fl. pour l'a-
chat des Eftaux, & dix-fept petits Tonlieux.

Item la moitié du droit de Chauffée
des Portes de Cauberg & Op-Bruffel.

Item le tiers du Moulin dit Serre-
werre près la Poiffonnerie.

Item la moitié competant à Sa Majefté contre ladite Ville au droit de la
Vifchmyne.

Item l'obligation que ceux de ladite
Ville avoient de païer annuellement la
vie durante de feu la Sereniffime Infante
5500. fl. par-deffus les 25000. fl. pour redemption du Logement, ici doncques   300000

Le même Magiftrat de Bruxelles en
la même année 1626. a redimé les Bour-
geois & Inhabitans de Bruxelles de toû-
tes fortes de Tonlieux par eau & par
terre, prefens & futurs, moyennant la
fomme de   600000

Item l'an 1641. & 42. a été chargé la
Recepte generale des Domaines de Bruxelles avec 18518. fl. 15. f. de Rente au
denier feize, portant en Capital   296200

Item l'an 1645. l'on a encore levé à
Rente fur ledit Domaine, la fomme de   53954

Et l'an 1647. a-t-on encore levé à
Rente fur ledit Domaine en Capital   26300

Et encore en l'an 1650. a-t-on recon-
nu Rente pour les 25000. fl. que le Receveur *Van Lo* avoit avancé   25000
    ————
    1301454
    Item

1301454

Item a-t-on engagé au Magiſtrat de Bruxelles l'an 1650. les Moulins à Braye de la même Ville, pour la ſomme à laquelle monteroit en Capital une année coc de dix du Revenu deſdits Moulins, à condition qu'en diminution du paiement de ladite engagere, on leur paſſeroit le Capital de douze mille fl. de Rente, qu'ils prenoient à leur charge, de celles dont ce Domaine eſt chargé, & montent les deniers reſtans fournis pour ladite engagere, à la ſomme de   342477 - 3

1643931 - 3

En la Mairie de Rhode , audit Quartier de Bruxelles.

RHODE & ALSEMBERGE furent engagés l'an 1648. au *Sr. Conſeiller Vande Winckel* pour   6000

Et venduës abſolument audit *Sr. Gagier* le 8. de Novembre 1650. pour autres   6500

LINCKENBEKE fut engagé le 20. Juin 1646. audit *Conſeiller Van Winckel*, pour   1600

Et vendu audit *Sr. Gagier* le 8. Novembre 1650, pour autres   1700

WATERMAEL & AUVERGEM demeurent engagés au *Sr. Baron de Hoſtalize* depuis le 26. d'Octobre 1648, pour   4400

HUYSSINGEN, ZYSSINGEN & BUYSSINGEN , furent engagés l'an 1657.

20200

20200

1557. à *Meſſire Philippe Boiſot* pour 919.
fl. 1. ſ. 6. d. & rencheri le 17. de Juillet, par feu le *Marcgrave d'Anvers*, pour
autres   17000

    DOORPE fut engagé le premier
d'Août 1626. audit *Marcgrave d'Anvers*,
pour   4000

    Et venduë abſolument le 26. d'Octo-
bre 1649. *au Maître des Comptes le Roi*,
pour autres   4800

    BERCHEM fut engagé le 1. d'Août
1626. au *Sr. Clariſſe*, pour   3300

    Et vendu abſolument le 26. Janvier
1644. au *Sr. Gagier*, pour autres   6700

    BECKERZEELE demeuré engagé
depuis le 20. Juillet 1626. audit *Sr. Cla-
riſſe*, pour   3700

    Furent retraités par Sa Majeſté en l'an
1664. parmi la ſomme de dix mille florins.

    STALLE fut engagé l'an 1560. pour
236. fl. 5. ſ. 8. d. & rencheri le 23. Juillet 1638. par le *Sr. Jean Merſchoeg*,
pour autres   964-14-9

    Et vendu abſolument le 17. Février
1644. au *Sr. Rembout*, pour autres   3900

    SINTE PEETERS WOLUWE
fut engagé le 29. Juillet 1620. au *Secre-
cretaire Kiefelt*, pour   1000

    Et vendu abſolument le 8. de Mars
1644. au *Sr. Greffier de Bie*, pour au-
tres   1400

    STOCKELE demeuré engagé depuis

66964-14-9

E   le

66964-14-9

le 29. de Juillet 1626. au susdit *Sr. Cla-*
risse, pour   51200
SINTE LAMBRECHTS WO-
LUWE fut engagé le 29. Juillet 1626.
au *Sieur Jean d'Armstorft,* pour   6100
    Et rencheri par le *Sr. Kiefelt* le 30.
Juin 1642. pour autres   2900
SINTE STEVENS WOLUWE
demeuré engagé depuis le 29. Juillet
1626. audit *Secretaire Kiefelt,* pour   3200
    CRAINHEM fut engagé le même
jour audit *Kiefelt,* pour   3100
WAMBEKE, LOMBEKE & TER-
NATH, sont été engagés dès l'an
1557. pour 363. fl. 10. s. & rachettées
l'an 1616. & le 18. Juillet 1630. pour
autres   7635-10
    Et encore rencheries le 7. de Juin
1638. par le *Sr. Cruyckenborch,* pour
autres   8369-10
    Et vendues audit *Sr. Gagier* le 26. de
Novembre 1642. pour autres   15000
    BYGAERDEN demeuré engagé de-
puis le 29. Juillet 1626. audit *Sr. Cla-*
risse, pour   5500

Mairie de Merchtem.

MERCHTEM demeuré engagé au
Sr. Vander Laen Bourguemaitre
de *Malines,* depuis le 29. Juillet 1626.
pour   16000
STEENHUFFLE fut engagé le der-

133969-14-9

hier Juillet 1626. à *Messire Frederick
Michault*, pour 6500

Et rencheri le 11. de Mai 1638. par
la *Dame de Marquet*, d'autres 1600

OPPUERS fut engagé le 29. Juillet 1626. au *Sr. de Snoy*, pour 800

Et rehauffé par le *Sr. Gagier* l'an
1638. par autres 1300

Et vendu audit *Sr. Gagier* le 16. Mars
1648. pour autres 4400

LIEZELE fut engagé l'an 1558. à
Dame *Marguerite Michault* pour 2180.
fl. & rehauffé par le *Comte de Grimberges* le 17. Juillet 1630. pour autres 2200

Et rencheri le 10. d'Avril 1638. par
l'*Agent Van de Watere*, pour fon Command, par autres 1400

MALDERE & LIPPELO furent
engagés au *Comte de Grimberges* le 1.
d'Août 1626. pour 4600

Et rehauffés par *Jean Borrant* Secretaire de la Dame Douairiere de Grimberges, par autres 5500

JETTE & GANSHOREN furent
engagés le 3. d'Août 1626. au *Sr. An-
tonio de Taffis Sr. de Rivieres*, pour 3600

Et venduës abfolument le 5. de Décembre 1643. au *Sr. de Kinfchot Sr. de
Rivieres*, pour autres 3000

SELLICKE fut engagé le dernier
Juillet 1626. audit *Sr. Clariffe*, pour 3200

COBBEGHEM, demeuré engagé

172469-14-9

depuis le premier d'Août 1626. audit
Sr. Clariſſe, pour   3200

    BOLLEMBEKE fut engagé le 1.
d'Août 1626. au *Capitaine Vitz*, pour   1100

    HAMME fut engagé le 1. d'Août
1626. à *Anne de Croeſere Veuve de Nicolas Hoffmans*, pour   1100

    Et rencheri le 22. d'Avril 1638. par
la *Dame Gagiere*, pour autres   800

    Et venduë abſolument le 14. Mars
au *Baron de Bouchout*, pour autres   3100

    RELEGEM fut engagé le dernier
Juillet 1626. au *Sr. Engelbert de Griſe*,
pour   2000

    Et venduë abſolument le 18. Mars
1644. au *Baron de Bouchout*, pour autres   3000

    BEVERE fut engagé le 1. d'Août
1626. à l'*Agent Kerckhove*, pour   2100

    Et venduë abſolument le 14. Mars
1644. audit *Baron de Bouchout*, pour
autres   2900

    OVER- & NEDER-HEEMBEKE
fut engagé le 1. d'Août 1626. à *Jaques
Van Ophem*, pour   3400

    Et venduë abſolument le 22. Jan-
vier 1649. à *Jean Bollart d'Anvers*,
pour autres   3400

    WOLVERTHEM avec les HA-
MEAUX de YMPDE, NEDER-
HEM, MEUSSEGEM & ROS-
SEM, furent engagés l'an 1560. pour
617. fl. 3. ſ. & rencheris l'an 1630.

par *Monsieur l'Audiencier*, pour la
ſomme de   1500

Et venduës audit *Sr. Gagier* le 7.
Decembre 1643. pour autres   2406

Mairie de Campenhout.

CAMPENHOUT fut engagé le
3. d'Août 1626. à *Philippe Lambrechts,* pour   7000

Et rencheri le 10. d'Avril 1638. par
le *Sr. de la Chappelle*, d'autres   7000

PERCK & ELEWYT furent en-
gagés l'an 1630. au *Sr. de Marſelaer*,
pour   600

Et rchauſſés par ledit *Sr. Gagier* l'an
1638. pour autres   500

Et encore rencherés par ledit *Sr.*
Gagier le 8. d'Août 1642. par autres   2400

Et venduë PERCK ſeul le 8. de
Decembre 1643. au *Sr. Locquegem*,
pour autres   1480

Et ELEWYT l'onziéme du mê-
me mois audit *Sr. de Marſelaer*, pour
autres   1850

WESPELAER fut engagé le 11.
d'Août 1626. à la *Vicomteſſe de Har-
lebeeçq*, pour   4000

Et venduë abſolument au *Sr. Pierre*
du Chaſteler le 11. d'Août 1644. pour
autres   4500

NEDER-OCKERZEELE fut
engagé le 3. d'Août 1626. au *Bour-
guemaître Marſelaer*, pour   3500

E 3   235305-14-9

235305-14-9

Et venduë abſolument à *Philippe
Lambrechts* le 15. Mars 1644., pour
autres 　　　　　　　　　　4000

BERGHEN fut engagé le 3. d'Août
1626. au Sr. *Jean Hinckart*, pour 　4400
　　Et rencheri le 20. de Decembre 1642.
par *Philibert Hinckart*, pour autres 　600
　　Et venduë abſolument le 6. Juin 1644.
à *Maximilien Hinckart*, pour autres 　4600

HUMELGUM demeuré engagé
au *Baron de Jauche* depuis le 3. d'Août
1626. pour 　　　　　　　　　3000
　　Et venduë audit *Baron* le 5. Mai
1655., pour 　　　　　　　　　3000

MELSBROUCQ fut engagé le 19.
d'Août 1630. au *Sr. de Luckenghien*,
pour 　　　　　　　　　　　600
　　Et rehauſſé par ledit *Sr. Gagier* le
17. d'Avril 1638. pour autres 　　　100
　　Et venduë abſolument le 25. Novembre 1643. au *Sr. de Marſelaer*,
pour autres 　　　　　　　　　7900

SINTE MERTENS PEUTY
fut engagé le 19. d'Août 1630. à la
Dame de Zelem, pour 　　　　400
　　Et rehauſſé par ladite *Dame* le 17.
Juin 1638. pour autres 　　　　　250
　　Et venduë abſolument à ladite *Da-
me Gagiere* le 28. de Novembre 1643.
pour autres 　　　　　　　　　2400

HAREN fut engagé le 3. d'Août
1626. au *Capitaine Madoets*, pour 　2100

268655-14-9

268655-14-9

Et rencheri par le même *Madoets* le
14. d'Avril 1638., pour autres   700

Et venduë absolument le 13. Mai
1644. à *Godefroy vande Wouver*, pour
autres   2800

NOORTMEERBEKE a été ven-
du le 16. Mars 1644. à *Dame Susanne
de Meulenaer*, pour   4500

MEERBEKE fut engagé l'an 1568.
pour 204. fl. & rencheri le 10. d'Avril
1638. par le *Sr. Arnold de Fumael*,
pour autres   700

Et venduë absolument le 22. Janvier 1644. à *Rogier Robberts Glander*,
pour autres   2696

Mairie d'Assche.

ASSCHE avec ses sept Villages ou
Hameaux en dépendans fut enga-
gé le dernier Juillet 1626. à la *Baronne
de Jauche*, pour   49100

Et venduë absolument à ladite *Da-
me* le 25. Février 1649. pour autres   18000

Mairie de Capellen op den Bosch.

CAPPELLEN OP DEN
BOSCH & RAMSDONCQ,
furent engagés le 1. d'Août 1626. à
Jean de Bertholt, pour   22000

SEMSE fut engagé au *Comte de
Grimberges* le 6. d'Août 1626. pour la
somme de   3400

372551-14-9

372551-14-9

OP-HOMBEKE alias SMAL BRABANT fut engagé le 29. Juillet 1626. à *Robert de la Tour*, pour   2000

Et rencheri par le *Sr. Gagier* le 9. d'Avril 1638. d'autres   300

Et venduë abſolument le 18. de Février 1649. au *Sr. de Boccabelle*, pour autres   2300

Mairie de Vilvorde.

LE 13. Février 1629. furent engagés au *Sr. Baron de Saventhem* 24. muyds 2. quartes d'Avoine, appartenans à la Recepte de ladite Mairie pour la ſomme de   2456-10

DIEGEM fut engagé le 29. Juillet 1626. à *Philippe Happart*, pour   2200

Et rencheri par le *Sr. Gagier* le 12. Juin 1638. d'autres   800

Et vendu abſolument à *Melchior Fournier* pour ſon Command, pour autres   4000

LEEFDAEL & VOSSUM furent engagés le 1. d'Août 1626. au *Baron de Duffle*, pour   6100

OVERYSSCHE & ROZIERES demeuré engagé à la *Dame Comteſſe de Megem*, depuis le 1. d'Août 1626. pour   13400

WESEMBEQUE & OPHEM furent engagés l'an 1561. pour 220. fl. & rehauſſés le 14. d'Août 1638. par *Cornille van Schuyl*, pour autres   5900

412008- 4-9

412008-4-9

SINTE GEERTRUYDEN MA-CHELEN, engagé le 29. Juillet 1626. pour   3000

Et venduë le 15. Mai 1655. pour autres   5000

Totale somme des Engageres & Ventes sous Bruxelles, & affectées sur le Domaine d'icelle Ville.

2063939-7-9

CARLOO Hameau sous UCCLE fut engagé le 18. d'Août 1638. au *Sr. Vander Noot*, pour   1500

Et vendu audit *Sr. Gagier* le 9. d'Avril 1650., pour autres   3700

Vient doncques la somme totale à celles de   2069139-7-9

AU QUARTIER D'ANVERS.

LE Magistrat de la Ville d'ANVERS a engagé de Sa Majesté és années 1521. & 1531. les Tonlieux de Ridder-Thol, Wage-Joctol & Uytflaegen, pour la somme de trevingt mille fl. d'Arthois. Et depuis le 18. d'Avril 1644. leur sont les Tonlieux été venduës, pour autres   40000

Le même jour 18. d'Avril 1644. ont ceux de ladite Ville pris par engagere la franchise des Tonlieux pour les Inhabitans de la Ville, & ce pour la somme de   360000

400000

400000

Le 6. d'Août 1626. ceux du Magistrat de ladite Ville ont pris encore
en engagere, premierement l'état de
Keurmre, la reconnôiffance pour l'O-
ctroi qu'ils ont de lever quatre & trois
patars fur les Bierres fortans de ladite
Ville,

Item les Villages de DOORNE,
ORDREN, AUSTRUWEEL,
WILMERDONC, BERCHEM &
WILRYCK, à condition de les te-
nir en deux pleins fiefs, le tout pour la
fomme de   153000

L'an 1641. & 1642. a-t-on chargé
la Recepte generale d'Anvers de huit
cent livres de Rente, faifant le capital   12800

Le Village de WYNEGEM fitué
audit Quartier d'Anvers fut engagé
l'an 1567. pour 2000. fl. & rencheri le
17. d'Août 1630. par le *Sr. de Gibercy*,
pour autres   1500

Et depuis vendu abfolument audit
Sr. Gagier le 18. Février 1644. pour
autres   5500

BORSBEQUE fut engagé l'an 1559.
avec BOCKHOULT & S. LAU-
RENS TE HOVE, & depuis rencheri le 18. Mai 1638. pour *Antoine*
Millich, pour fon Command, pour
autres   3000

Et encore rencheri le 16. Decembre
1642. par *Herman Daffa* avec autres   2041
                                            ____
                                            577841

577841

Et venduë abfolument le 16. Mars
1649. à *Remi Bervelt*, pour autres   6100
BOCKHOULT & S: LAURENS
TE HOVE fut rencheri l'an 1638. le
18. Mai pardeffus la vieille engagere
avec encore   3400
Et venduë abfolument le 7. Decem-
bre à l'*Avocat Stockmans*, pour autres   8466-13
SCHILDE fut rencheri le 18. Juil-
let 1630. par le *Sr. vande Werve* avec
la fomme de   1000
Et encore rehauffé le 29. Janvier
1643. par *Michel van Cauwenberge*,
avec autres   2638-15
Et venduë abfolument le 9. d'Octobre 1648. pour autres   3000
STABROECK fut rencheri l'an
1638. le 7. de Juin pardeffus la vieille
engagere, par le *Sr. Alexandre de Ha-
ze*, pour la fomme de   1000
Et vendu abfolument le 20. Decembre 1646. à *Jacques van den Kerckho-
ven*, ou *Jan Schol*, pour autres   8590
BERENDRECHT demeuré enga-
gé depuis le 17. d'Août 1626. pour   4000
SANTVLIET fut engagé l'an 1558.
pour 2278. & rencheri le 22. Mai 1648.
par l'*Avocat Stockmans* avec autres   3000

En l'Office de Santhoven.

BROECKHEM & OELEGEM fu-
rent engagées l'an 1559. pour 3767.

619036- 8

fl. 7. f. & rencheries le 24. Juillet 1630.
par *Adrien vander Ryt.*, pour la fom-
me d'autres   3767- 7

Et vendues abfolument le 20. d'A-
vril 1644. au *Sr. Commis le Roy*, pour
autres   7534- 14

PULDERBOSCH a été vendu le
23. Janvier 1644. à *Damoiselle Eme-
rentiana de Cottereau*, fans y com-
prendre l'engagiere de l'an 1558., pour
autres   3118

RANST & MILLEGEM furent
engagés l'an 1558. pour 600. & rencheries le 17. Juillet par le *Sr. de la
Chapelle*, pour autres   1200

Et encore rehauffés le 20. de Novembre 1642. par *Pierre Pafqual de
Deckere*, avec autres   4300

Et vendues abfolument le 26. de Novembre 1643. audit *Sr. de la Chapelle*,
pour autres   8900

WESTMAL & SOERSEL furent
engagées l'an 1558. pour 600. fl. &
rencheries le 18. Juillet 1630. par le
Sr. de Cottereau, pour autres   3000

Et vendu abfolument le 20. de Janvier 1644. à *N. Van Leempu-tte*, pour
fon Command, au moyen d'autres   6000

VOORSCHOOTEN & MAS-
SENHOVEN furent engagés le 16.
d'Août 1630. à *Adrien Brouwers*,
pour   1000

                                               657856- 9

HALLE le même jour & an, fut engagé audit *Brouwers*, pour   1000

Et tous trois ensemble furent renchéris le 8. Juin 1638. par *Joannes Christiani*, pour son Command, avec la somme de   600

Et encore rehaussés le 12. Mai 1643. par ledit *Brouwers*, avec autres   2400

Et venduës absolument audit *Brouwers* le 18. Janvier 1644. pour autres   6100

PULLE fut engagé l'an 1558. pour 1894. fl. & vendu absolument le 26. Janvier 1644. au *Sr. de Bois de Leffines*, pour autres   2606

OOSTMAEL fut engagé le 19. Juillet 1630. par le *Sr. de Reneffe*, pour la somme de   1200

Et vendu absolument au *Sr. Frederic de Reneffe* le 11. Février 1644, pour autres   2300

En l'Office de Herentals.

HERENTHOUT fut engagé le 17. d'Août 1626. au *Sr. François Sandelin*, pour   4000

En rencheri l'an 1638. par *Jaques Sandelin* d'autres   500

Et venduë absolument le 6. d'Octobre 1648. à *Jean de Prooft*, pour son Command, moyennant d'autres   4000

MOL, BALEN & DESSCHELE furent engagés le 17. d'Août au *Sr. René de Mol*, pour   20700

657856-9? 703262-9

703262-9

MORCKHOVEN fut engagé l'an 1560. pour 100. fl. & vendu abfolument le 6. Février 1644. au Seigneur *Comte de Couppignies*, pour autres ... 1000

WICKEVORST fut vendu le 7. d'Octobre 1648. au *Sr. Quartier Maître General Navarra*, fans revenu, pour ... 2000

Et le 7. Mai 1650. lui ont été vendu les Cens Seigneuriaux rapportans quelques 84. fl. pour ... 4200

TONGERLO fut engagé l'an 1558. pour 500. fl. & vendu abfolument le 12. Mars 1644, à *Claes Claeff*, pour autres ... 2500

Le 26. Mai 1655. ont été venduës au *Prelat de Tongerloo* les Seigneuries de CALMTHOUT, HUYBERGEN, & ESCH, pour la fomme de ... 8000

En l'Office de Turnhout.

BEERSE & VORSSELAER furent engagés le 16. d'Août 1630. à *Jean de Prooft*, pour ... 6000

WEELDE & POPPEL furent engagés le 17. d'Août à *Dame Marie Marguerite de Reneffe*, pour ... 6000

RAVELS fut engagé le 14. d'Août 1626. au *Sr. Philippe le Roy*, pour ... 2000

Et vendu abfolument le 28. Decembre 1643. à *Nicolas Claeffens*, pour fon Command, moyennant autres ... 2000

736962-9

AREN-

736962-9

ARENDONCQ fut engagé le 30. d'Avril 1630. à *Lucia Van Holstain*, pour   3500

Et rehauffé le 6. Mai 1638. par le *Sr. Gagier* avec autres   1000

Et vendu abfolument au *Sr. Martin Van Broeckhoven* le 2. Decembre 1643. pour autres   4500

GIERLE fut engagé le 30. d'Août 1630. audit *Jean de Prooft*, pour   6200

MERXPLAS fut engagé le 3. d'Août 1638. au *Comte de Hooghftraete*, pour   1800

Et vendu abfolument le 30. Juin 1644. au *Sr. Arnold de Raet*, pour autres   2200

LILLE fut engagé le 12. d'Août 1626. au fufdit *Jean de Prooft*, pour   3100

WECHELERZANDE & VLIMMEREN fut engagé le 14. d'Août 1626. au fufdit *Prooft*, pour   3500

BAERLE fut engagé le 17. d'Août 1630. à *Daniel Buycx*, pour   1600

Et le 12. d'Avril 1638. rehauffé par *Adrien Vander Elft*, pour autres   500

KINSCHOT a été vendu le 6. d'Avril 1644. au *Sr. François de Kinfchot Sr. de Rivieres*, pour   1500

Depuis eft la Franchife de TURNHOUT avec toutes les fufdites Jurifdictions que l'on a dû racheter, cedé à la *Princeffe Douairiere d'Oranges*, en

Total 766362-9

vertu du Traité de Munster, avec tout le revenu en dépendant, ici   *memoire.*

Totale somme du provenu des Engageres & Ventes sous Anvers.   766362-9

WESTWESEL audit Quartier d'Anvers fut engagé l'an 1560. pour 1250. fl. & vendu absolument le 14. d'Octobre 1650. au *Sr. Conseiller Biel,* pour autres   5600

De sorte que la Somme totale vient à celle de   771962-9

AU QUARTIER DE BOIS-LE-DUC.

BERGEYCK, RIETHOVEN & WESTERHOVEN furent engagés le 11. d'Août 1626. à *Gerard Van Broeckhoven,* pour   9700

HILVOORT fut engagé l'an 1559. pour 2904. fl. 19. s. & rencheri le 9. d'Août 1638. par le Soliciteur *J. Oste,* pour   1095-1

ERP & VECHEL furent engagées le 13. Septembre 1642. au *Pensionaire d'Anvers Broeckhoven,* pour   10700

NULANT fut engagé le 20. Septembre 1630. à *Rudolff de Stakenbroeck,* pour   2400

Totale Somme sous Bois-le-Duc.   23895-1

23895-1

STIPHOUT audit Quartier de BOIS-LE-DUC fut engagé le 16. Juillet 1642. au *Maître des Comptes Van Elen,* pour   1300

Et vendu audit Sr. Gagier le 17. Novembre 1643. pour autres   600

ARLE fut engagé le 23. Juillet 1642. au *Sr. François Dongelberge,* pour   3500

RYXTEL fut engagé audit *Dongelberge* le 23. Juillet 1642. pour   3800

BEECK fut engagé le 23. Juillet 1642. à l'Agent *Vande Watere,* pour son Command, moyennant   3000

Et vendu absolument le 17. Novembre 1643. au *Maître des Comptes Van Elen,* pour autres   1300

De sorte que la Somme totale vient à celle de   37395-1

MALINES.

L'An 1626. & 1631. fut chargé le Domaine de la Ville & Terroir de MALINES, celui de VUEREN & VILVORDE, celui d'OVERYSSCHE, HOOLAER & TERHULPEN, avec la somme de trois cent vingt mille livres en Capital, dont lesdits Domaines du Terroir de MALINES, la VUEREN, VILVORDE, OVERYSSCHE, HOOLAER & TERHULPEN restent encore chargés, après les remboursemens en faites, de la somme de   72150

F

72150

Item l'an 1650. furent lesdits Dômaines parensemble chargés d'une Rente de trois mille cent & vingt-cinq livres par an au profit de la *Dame Comtesse Douairiere de Grimberges*, faisant en Capital ... 50000

Au Terroir de Malines.

RYMMENAN fut engagé le 7. d'Août 1626. à *Jean de la Faille*, pour ... 12000

Et venduë absolument le 22. Decembre 1648. au *Sr. de Bruxelles*, à Malines pour autres ... 13000

BOONHEYDE fut engagé le 17. d'Août 1626. au *Sr. Jaques de Castre*, pour ... 4000

Et vendu absolument le 6. Novembre 1648. au *Sr. de Castre*, pour autres ... 4000

CONTICK fut engagé le 28. d'Août 1626. à *Lucas Van Opmer*, pour ... 8200

Et vendu absolument le 28. Juin 1644. au *Sr. Greffier de Bie* ou à celui qu'il dénommera, pour autres ... 8200

REET & WAERLOOS fut engagé le 28. d'Août 1626. audit *Lucas Van Opmer*, pour ... 7100

Et venduës absolument le 7. d'Octobre 1646. à *Jaques de Raet*, pour autres ... 11000

ARTSELAER fut engagé le 1. d'Août 1626. à *Barthelemi Campenoso*, pour ... 8000

Et vendu absolument le 6. d'Avril

197650

197650

1644. au *Treforier Vanden Cruyce*,
pour autres   11900

     SCHELLE fut engagé le 28. Juillet
1626. à *Rogier Clariffe*, pour la fomme de   6700

     Et rencheri d'autres 2300. fl. par le
Sr. Pierre Suys Seigneur de Laer, pour   2300

     Et vendu abfolument le 20. Février
1644. avec la haute Juftice de Laer audit Sr. Gagier, pour autres   9000

     NIEL fut engagé le 29. Juillet 1626.
au *Sr. Rogier Clariffe*, pour   7200

     Et vendu abfolument le 19. Decem-
bre 1643. à *Adrien Smitfaert* pour *Jean
Reynft*, moyennant autres   7100

     DUFFELE pardelà la Neete fut
engagé l'an 1558. pour 940. fl. & rencheri le 27. d'Avril 1638. par le *Sr.
Henry de Varick Vicomte de Bruxelles*, pour autres   5300

     Et vendu abfolument le 24. Decem-
bre 1643. au *Sr. Comte de Fallaix*,
pour autres   8760

     HEMISSEM fut engagé l'an 1558.
pour 590. fl. & vendu abfolument le
2. Decembre 1643. à la *Comteffe de
Taffis*, pour autres   11410

     BALLAER a été vendu le 9. d'A-
vril 1650. à *Thiery Vander Nath*, pour   30000

     WAVRE a été vendu le 4. Mars
1650. audit *Sr. Vander Nath*, pour   16100

     SCHRIECK & GROOT-LOO a
été vendu audit *Vander Nath*, pour   10200

F 2

     323620

323620

PUTTE a été vendu audit *Vander Nath* le 4. Mars 1650. pour	11100

BEERSSEL a été vendu le ... Mars 1650. au *Sr. Chanoine Robiano*, pour & moyennant	7000

Totale Somme du provenu desdites Engageres, Ventes & Charges sous Malines	341720

LIMBOURG ET QUARTIER D'OUTRE-MEUSE.

LE BANCQ DE WALHORN fut engagé le 12. d'Août 1626. à *Arnould Schuyl*, pour	27000

HOMBORGH LE BANCQ a été vendu le 3. d'Octobre 1648. au Solliciteur *Firenschat*, pour son Command, moyennant la somme de	14000

BEUSDAL, SIPPENAKEN, HAGENTHOEREN, SENMICH, NIEROP & GIEVELT ont été vendu le 27. Janvier 1644. à l'Agent *Massin de Labbaye*, pour son Command, moyennant la somme de	10000

GEMENICH a été vendu le 30. Septembre 1648. à *Alexandre Strate*, pour	5000

Le BANCQ de HERVE' a été vendu le 3. d'Août 1644. au *Sr. de Caldenbourg*, lors *Drossard de Limbourg*, pour	40000

96000

	96000

HENRY CHAPPELLE a été vendu le 16. Mars 1644. à *Messire Nicolas Cronenborch*, pour · 12000

La Paroiſſe de BALEN avec ſes appendens a été vendu le 14. d'Octobre 1648. au *Sr. de Belue*, pour · 12000

Et depuis encore pour l'aſſoupiſſement de quelques difficultés au regard des dépendens. · 1200

Le 14. Janvier 1649. a été vendu la SEIGNEURIE DE COE, au *Sr. Marquis de Traſignies*, pour · 4500

EUPEN a été vendu le 26. d'Octobre 1648. au *Sr. Guillaume de Viſſchere*, pour · 12000

MONSEM a été vendu le 5. Novembre 1648. au Procureur *Gerardi*, pour ſon Command, moyennant · 7700

MORESNET a été vendu le dernier de Decembre 1648. au *Vorſtmaître Strate*, pour · 5700

BILTAM a été vendu le 12. Janvier 1649. au *Sr. Marquis de Traſignies*, pour · 4500

CHARNEUX & WARNIMONT a été engagé le 29. Decembre 1626. au *Sr. de Nœufchâteau*, pour · 6400

Et depuis vendu avec le Bancq de Hervé, dont ici · *nihil*

PETIT RICHEM fut engagé le 7. d'Août 1626. à *Nicolas Moreau*, pour · 4100

Et rehauſſé le 26. d'Août 1649. par *Jean le Rulte*, pour autres · 4600

F 3

	170700

170700

SPREMONT fut engagé le . . . .
d'Août 1626. au *Sr. d'Esseneux*, pour   6100
Et vendu absolument au Licentié
Jean-Baptiste l'Archier, pour son Command, le 9. Décembre 1644. pour autres   10900

Au Quartier de Fauquemont.

ULENSTRATEN avec ses ap-
pendances fut engagé le 7. d'Août
1626. au *Comte de Reichem*, pour   8100
BUNDE avec ses Hameaux de CA-
SENS, OVERBINDE, VONST-
WAMBEYS furent engagés au *Sr. de
Geul* l'an 1626. pour   10000
NUTH fut engagé le 11. d'Août
1626. à *Henry vanden Bergh*, dit *Trips*,
pour   1300
EYSDEN fut engagé le 8. d'Août
1626. au *Sr. de la Mergelle*, pour   8100
Et rencheri par le même le 24. Mars
1643. pour autres   11500
VOURENDAEL fut engagé le 19.
Février 1627. à *Guillaume de Corten-
bach*, pour   5000
GEUL fut engagé l'an 1560. pour
6200. fl. & rehaussé le 19. d'Août 1630.
au *Sr. de Honsbroeck*, pour autres   6000
Et vendu audit *Honsbroeck* le 6. Janvier 1644. pour autres   15800
SCHIMMEN OP DE GEUL,
fut engagé le 29. d'Août 1630. à *Adrien
de Groote*, pour   1000

249500

Et rehauffé le 22. Decembre 1642.
par autres   600
Et vendu abfolument le 24. Février
1644. à l'*Agent Verbeelen*, pour autres   10400
STRUCHT a été engagé à *Adrien
de Groote* le 3. Decembre 1642. pour   600
Et vendu au même le 9. Mars 1644.
pour autres   1600

Au Quartier de Daelhem.

S'GRAVEN VOEREN fut engagé
le 18. d'Août 1626. au *Sr. Arnold
de la Mergelle*, pour   4300
Et renchéri le 24. Mars 1643. par le
même, moyennant la fomme de   20000
NOIRBEKE fut engagé le 12.
d'Août 1626. audit *Vanden Berge*, dit
Trips, pour   3100
SINTE MERTENS VOEREN
fut engagé le 7. d'Août 1626. à la *Dame
de Meer*, pour   3100
OENS fut engagé l'an 1559. pour
1880. fl. & vendu abfolument le 20.
Février 1644. au *Colonel Royeres*, pour   13120
BERUE fut engagé le 17. d'Août
1630. au *Sr. Theodore van Gulpen*, pour   1000
MOULLINGEEN fut engagé l'an
1626. à *Chriftiaen Lambrechts*, pour   1000
CADIERES fut engagé le 24. d'A-
vril 1644. au *Sr. de Geul*, pour   1400
OIST fut engagé le 17. d'Août 1630.
pour   1000
ROSMEL fut engagé le 27. Mai
1630. pour   1600

F 4

312320

312320

BOMBAY fut engagé le 27. Mars 1643. au *Sr. Thiery de Gulpen*, pour   6300

AUBEL fut engagé le 30. Mars 1643. au *Sr. Adolf Dinde Rade*, pour   6500

Et rehauffé par le même le 30. Mars 1644. pour autres   6500

TREMBLEUR fut engagé le 18. d'Avril 1643. à *Dame Marie de Draeck*, pour   6000

Et vendu abfolument le 16. Decembre 1643. à *Dame Marguerite de Reede*, dit *Sasfelt*, pour autres   12000

CHERAT fut engagé le 18. d'Avril 1643. à *Gille de Laroleaux*, pour   4100

Et vendu le 10. Mars 1644. à *Maffin de Labbaye*, pour fon Command, pour autres   4900

RIXEL fut engagé le 17. d'Avril 1643. au *Commiffaire Fontbarré*, pour fon Command, moyennant la fomme de   1400

MORTEREAUX fut engagé audit *Fontbarré* le 18. ditto, pour   1300

FENEUR fut engagé le même jour audit *Fontbarré*, pour   800

Au Quartier de Rolleducq.

MERCKENSTEYN avec fes Hameaux fut engagé le 17. d'Août 1630. pour   5600

WACH fut engagé le 11. d'Août 1626. à *Henry vanden Berge*, dit *Trips*, pour   5100

372820

WELSS & ROERDORFF furent
engagés l'an 1626. à *Jean Crummel
Vanden Raeſt*, pour   3300

    KIRCHOODE fut engagé le 17.
d'Août 1626. pour   9500

    Le 26. Février 1643. rehauſſé par
autres   5500

    GULPEN fut rencheri l'an 1630.
le 16. d'Août avec   9800

    SIMPELVELT & BOCHOLT
fut engagé l'an 1626. le 16. d'Août, à
Dame Marie Vanden Bomgart, pour   7200

    HOLZET & VOET fut engagé le
18. d'Août 1626. à *Adolff Bertolt*, pour   3700

    CARPEN & LOMMERSSUM
fut engagé en Juillet 1646. à la *Ducheſ-
ſe de Cheurenſe*, pour   137500

    L'an 1646. a-t-on chargé la Recepte
generale de Limbourg avec une Rente
vers ſon *Alteſſe de Lorraine* de 31250.
fl. au denier ſeize, faiſant en capital.   500000

    Totale Somme du provenu des En-
gageres, Ventes & Charges ſous le Duché de Limbourg & Païs d'Outre-
Meuſe.   1049320

EPARGNE.

L A recepte de l'EPARGNE ſous
le diſtrict de la Chambre de Brabant a été chargé l'an 1629. avec 1078.
fl. 2. ſ. 6. d. de Rente au denier ſeize,
faiſant en capital   17250

    Somme per ſe   17250

CORRUWÉES.

L'An 1649. ont été engagés aux Ab-bés & Prelats de Brabant les COR-RUWE'ES & autres redevances que chacun devroit en particulier à la Venérie de Brabant, portant en tout

203277-17 f. 9 d.

Somme per fe	203277-17-9

Somma Sommarum de toutes les Engageres, Ventes & Charges du Domaine de Brabant, Limbourg & Outre-Meufe, depuis le mois d'Août 1626. jufques à la fin du mois de Decembre de l'an 1652.

4880407 fl. 7 f.

Engagere ou Vente du Domaine, depuis le dernier Decembre 1652.

LEs Rentes affignées fur le Domaine de Louvain depuis l'an 1653. inclus montent par an 4605. fl. 3. f. au denier 16. qui font en capital	73682-8

Les Rentes affignées fur le Domaine de Tirlemont depuis ledit tems, montent par an 850. fl. les 250. au denier 20. & les 600. au denier 16. qui font en capital	14600

Le Capital des Rentes levées depuis ledit tems fur la Recepte gene-

88282-8

88282-8

_____

rale de Bruxelles , porte à la somme
de   83642

   Sur la Recepte generale d'Anvers a
été levé une Rente de 225. fl. au profit
de *Jean Everaerts* au denier 16. qui fait
en capital   3600

   Le Capital des Rentes levées sur le
Domaine du Païs de Malines depuis
le tems susdit, porte   92176

   Le Capital des Rentes assignées au
denier 16. sur le Domaine de Lim-
bourg   69300

   Le Capital des Rentes levées sur le
Tonlieu de Lith, porte   5000

   Item celui des Rentes levées sur les
Hergeweydes de Brabant, fait   16000

   Item celui des Rentes levées sur le
Séel de Brabant   12000

   Portent toutes les Rentes levées en
Capital depuis l'an 1653.
_____

370000-8

_____

Jurisdictions venduës ou surhauffées en Brabant & Outre-Meuse depuis la fin de l'an 1652.

LE Village de Crainhem a été vendu le 13. Mars 1653. au-dessus du
prix de l'engagere compris ci-devant
en son ordre, pour la somme de   4200

   Le 11. de Mars 1654. a été vendu
le Bancq de Walhorn pour 24000. fl.
au-dessus des 27. de l'engagere ici   24000
_____

28200

La Franchise de Hervé a été venduë le 10. Novembre 1655. pour la
somme de   10000

Le même jour a été vendu le droit
competant au Roi dans la Jurisdiction
de Mortroux, pour la somme de   1500

Le même jour a été rehaussée l'engagere du Petit Richen, de la somme
de   5300

Le même jour a été vendu le Village de Heylissimiaux, pour la somme
de   1700

Le 9. d'Août 1657. a été vendu la
Seigneurie de Gottechien, pour la somme de 1200. par-dessus l'engagere   1200

Le 6. Decembre 1658. a été vendu
le Fief de Rognon pour la somme de
dix mille & cent livres Arthois   10100

Item ont été vendus l'an 1657. les
Villages de Mol, Balen & Desschele,
pour la somme de 24000. fl. au-dessus
de l'engagere, ici lesdits   24000

Item a été rehaussé l'engagere de Carpen & Lommerssum d'autres 50000. fl,
Artois au profit de S. A. E. de Colo-
gne; ici lesdits   50000

Item a été engagé le Bourg & Domaine de Genappe, pour la somme
de   mais comme elle
n'a jusques ores sorti effet, partant
ici   *memoire,*

Item a été vendu la Ville de Jodoigne, pour la somme de 160000. fl.
mais comme l'on doit obtenir un con-

sentement appart pour cette aliénation, d'autant qu'étant Ville close, elle n'a pas été comprise dans les consentemens précedens, partant ici   *memoire.*

Portent ainsi toutes Jurisdictions venduës ou surhaussées d'engagere depuis l'an 1653. à la somme de   132000

Et y joint le Capital des Rentes, monte la somme avec laquelle le Domaine a été chargé depuis l'an 1653. à celle de   502000

Fait encore à noter qu'en l'an 1657. Sa Majesté a repris à sa charge le payement de douze mille fl. de Rente qu'avoient été mises à charge du Magistrat de Bruxelles, lors de l'engagere des Moulins à Braye, & par ainsi, au lieu que ci-devant au Chapitre de Bruxelles ladite engagere des Moulins à Braye n'est portée qu'à concurrence de 342477. fl. 3. si elle porte presentement 534477. fl. 3. f. à cause des 192000. que ledit Magistrat a fourni en ladite année 1657. lorsque Sa Majesté s'est rechargé desdits 12000. fl. de Rente sur le Domaine de Bruxelles, & partant ici encore lesdits   192000

Instrumentum, quo DOMINIUM BOXTELENSE *primum accessit Ducatui Brabantiæ.*

IN Nomine Sanctæ & Individuæ Trinitatis feliciter. Amen. Per hoc præsens publicum Instrumentum cunctis pateat evidenter & sit notum, quod anno Incarnationis Dominicæ millesimo quadringentesimo trigesimo nono, Indictione

ctione secunda, mensis Februarii die decima
octava, Pontificatûs Sanctissimi in Christo Patris
ac Domini Nostri Domini Eugenii Papæ Quarti,
anno suo nono, in mei Notarii publici & testium
infra scriptorum, ad hoc vocatorum specialiter &
rogatorum præsentia personaliter constituta Nobilis & Egregia Domina *Elisabeth de Boxtel* Leo-
diensis Diœcesis, Conthoralis Nobilis Viri Domini Walteri Bau, Domini temporalis de Vrem-
den juxta Ranst, Militis Cameracensis Diœcesis,
asseruit quod post decessum seu mortem quondam
Domicelli *Joannis de Boxtel* sui Fratris legitimi,
Domini, dum vixit, temporalis *de Boxtel*, idem
Dominium cum omnibus & singulis suis pertinentiis ad ipsam, tamquam ad proximiorem hæredem,
extitit devolutum, & quòd idem Dominium cum
suis pertinentiis à Serenissimo Romanorum Imperatore seu Rege in feudum dependeat immediate,
& quòd ob hoc ipsius feudi investituram ab ipso
Serenissimo Romanorum Imperatore seu Rege recipere & eidem juramentum fidelitatis præstare te-
netur : sed cum in præsenti, ut ipsa asseruit, non
sciatur quis sit Romanorum Rex vel Imperator,
& ut de ea non dicatur quod sit negligens de hujusmodi feudi investitura, ut non etiam ab aliis
præveniatur, idcirco dicta Domina *Elisabeth* dixit
se esse & fore paratam, hujusmodi investituram ab
Illustrissimo Principe, & Domino, Domino Phi-
lippo Duce Burgundiæ & Brabantiæ, sub cujus
Patriæ Brabantiæ Territorio idem Dominium sit
situm, recipere & fidelitatis juramentum præstare,
in quantum idem Dominus Dux Brabantiæ habeat
auctoritatem ipsam Dominam *Elisabeth* in dicto
Dominio & feudo investiendi, & juramentum fidelitatis præstandum desuper recipiendi : protestata
tamen fuit solemniter dicta Domina *Elisabeth*,
quòd

quòd ſcilicet in quantum dictus Dominus Dux
non habuerit hujuſmodi auctoritatem, quòd tunc
per hujuſmodi inveſtituram ejuſdem feudi verò
Domino, ſcilicet Romanorum Imperatori ſeu Re-
gi, nullum velit facere præjudicium, ſed ſemper
cum idem Romanorum Imperator ſeu Rex ad par-
tes propinquas declinaverit, ab eodem dicti feudi
& *Dominii de Boxtel* inveſtituram recipere, & eidem fidelitatis juramentum ſolitum præſtare erit
parata, & ſub hujuſmodi proteſtatione, & non
alias, jam dicta Domina *Eliſabeth* ab eodem Domino Duce, ſeu ejus locum tenente in hoc, hujuſmodi Dominii & feudi inveſtituram recepit, &
fidelitatis præſtitit juramentum. Super quibus omnibus & ſingulis præmiſſis ſupradicta Domina *Eliſabeth* ſibi fieri petiit & inſtanter requiſivit per No-
tarium publicum ſubſcriptum, publicum Inſtrumentum ſub aſtantium teſtimonio perſonarum.
Acta fuerunt hæc Vilvordiæ in Domo inhabita-
tionis Villici Vilvordienſis in Falcone, anno, indictione, menſe, die, & Pontificatu quibus ſupra,
præſentibus tunc ibidem *Ægidio de Aſſche*, *Joanne
Colen*, & Domicella *Margareta de Bobhelim*, Ve-
nerabilis Curiæ Brabantiæ Paribus teſtibus Came-
racenſis Diœceſis ad præmiſſa vocatis ſpecialiter &
rogatis. Et ſic ſubſignatum, *Jo. ab Voelen*.

Et ego *Joannes de Voelen*, alias dictus *de Zona*,
de inferiori Lintere, Clericus Leodienſis Diœceſis, Imperiali auctoritate Notarius, quòd prædictæ
proteſtationi omnibuſque aliis præmiſſis, dum ſic
fierent & agerentur, una cum prænominatis teſtibus præſens interfui eaque ſic fieri vidi & audivi,
idcirco hoc præſens publicum Inſtrumentum ma-
nu meâ propriâ ſcriptum, exinde confeci, ſub-
ſcripſi & in hanc publicam formam redegi, ſigno-
que & nomine meis ſolitis & conſuetis conſignavi

in

in fidem & testimonium omnium & singulorum
præmissorum rogatus & requisitus.

> *D'accorde van dese Copye met sekeren*
> *seer ouden Boeck waer inne diver-*
> *sche Privilegien van de Heerlijck-*
> *heyt van Boxtel met eene auten-*
> *tycke handt geschreven staen, ende*
> *daer mede bevonden concordant.*
> *Attestere ick ondergeschreven Se-*
> *cretaris der Baronnie van Boxtel*
> *voorschreven.*

C. V. NOUWLANT
Sris Boxtel. 1634.

HERSTAL.

HERSTAL a été transporté, cedé & donné,
par la *Reine Marie*, *Douairiere d'Hongrie*,
Regente & Gouvernante pour *l'Empereur en ses*
Pais-bas, à l'Evêque de Liege, par forme d'é-
change & parmutation, l'an mil cinq cens qua-
rante-six, le sixiéme jour de Mai, en la Ville de
de Binchs, pour l'érection de la Ville de MA-
RIEBOURG, avec consentement des Etats de
Brabant & du Prince d'Orange comme Vassal,
& ayant en fief ledit HERSTAL. Desorte que
les bannis & malfaiteurs du Pais de Liege n'y seront plus affranchis, comme ils ont été du tems
passé, étant ledit HERSTAL dudit Païs de Brabant, en le démembrant de la Duché de Brabant,
& du Marquisat d'Anvers, & l'ajoindant audit
Pais de Liege.

FIN.